U0531058

宋慈洗冤

钱斌 著

商务印书馆
The Commercial Press
2015年·北京

图书在版编目(CIP)数据

宋慈洗冤/钱斌著. —北京:商务印书馆,2015
ISBN 978-7-100-10935-2

Ⅰ.①宋… Ⅱ.①钱… Ⅲ.①宋慈(1186~1249)—传记 Ⅳ.①K825.19

中国版本图书馆 CIP 数据核字(2014)第 287144 号

所有权利保留。
未经许可,不得以任何方式使用。

宋慈洗冤
钱斌 著

商 务 印 书 馆 出 版
(北京王府井大街36号 邮政编码100710)
商 务 印 书 馆 发 行
北京市艺辉印刷有限公司印刷
ISBN 978-7-100-10935-2

2015年6月第1版	开本 787×960 1/16
2015年6月北京第1次印刷	印张 14 1/2
定价:39.00元	

目 录

第一讲	戎马倥偬	1
第二讲	循吏楷模	23
第三讲	四任提刑	43
第四讲	著述集录	65
第五讲	死因之断	87
第六讲	蒸骨奇法	107
第七讲	滴血认亲	129
第八讲	银钗验毒	149
第九讲	动物探案	171
第十讲	断鳌立极	195
后　记	选择	219

第一讲 戎马倥偬

古代官员们的桌案上会摆一本什么书？
是谁给宋慈写的墓志铭？
为什么宋慈在《宋史》中无传？
宋慈是怎么行"辛王之事"的？
宋慈为什么被荐为长汀知县？

我们来说一位很有意思的古人。他写了一本很了不起的书，这本书不仅开创了一门新的学问，拯救了无数遭受冤屈的人，而且对我国封建社会晚期，乃至周边许多国家的法律文化，都产生了重大而深远的影响。

这是怎样的一个人，怎样的一本书呢？

古代官员们的桌案上会摆一本什么书？

我们先来说一件趣事。

清同治十二年（1873年），英国剑桥大学一位叫嘉尔斯的教授，漂洋过海到中国参观考察。一次在宁波，他看到官府在审理案件。清朝的案件审理程序当然和大英帝国的截然不同，这让嘉尔斯教授看得兴致勃勃，而更让他感兴趣的是，他看见审案官员的文案上摆了一本书。他记得自己经常在清朝的衙门里见到这本书，那它是干嘛用的呢？嘉尔斯就问。那个官员告诉他，这是一本"办案大全"，审理刑事案件少不了它。而且，这还是一本畅销书，不仅各级官员们有，就连那些幕僚、师爷们也是人手一册。

这本书叫《洗冤集录》。

那么，《洗冤集录》是怎么指导当时官员们侦破案件的呢？我们举一个例子。

在江西清江县，有一天，突然有人击鼓鸣冤，县令赶忙升堂问案。

来告状的是本地村民某甲。只见他一手拎着一个包袱，一手揪住富商程瑞的领子，吵吵嚷嚷来到大堂。他扑通一声跪倒在地，高喊冤枉。

县令赶忙问缘由。某甲一把眼泪一把鼻涕地说开了，他说："这个程瑞平时就为富不仁，欺凌乡里。他和我的父亲有仇。昨天晚上，程瑞偷偷摸进我家，把我父亲的头给砍掉了。不仅如此，这个程瑞还把头颅带走，藏在自己家中。这颗头颅，就是在他家中找到的。"说罢，呈上包袱，里面赫然是一颗人头。

人头为证，这可不得了，是一桩杀人重案。县令转过头来审程瑞。

程瑞说："大老爷，某甲是个无赖。他向我借钱，我没借给他，所以挟嫌报复。"

那人头是怎么回事呢？

程瑞说："今天早上，我的仆人起床打扫卫生，就看见大厅角落里有一颗人头。就在这个时候，某甲冲了进来，说我杀了他父亲。我知道他是借机勒索，于是想给他二百两银子了事。不料这个无赖不干，非要十万两不可。这怎么行！我坚决不答应，于是他就把我告了。"

人头是怎么来的呢？

程瑞说："我也不知道呀！不过，大老爷您想，我家大业大，犯得着三更半夜去杀他父亲吗？"

程瑞说的倒也有些道理，但是他没有证据证明自己的清白。

县令就叫人去验尸、勘验现场，然后他对照验尸报告和原告、被告的状子，仔细研究了一番，心里有了计较。他把某甲叫来，问他："你想借尸图诈吗？"

某甲立马叫屈，一口咬定父亲是被杀的。县令冷冷一笑，说："你的诡计也太笨拙了吧。你想着把父亲的头割下来，就能敲诈程瑞，不过却不知道生前割下的头和死后割下来的是不一样的吧。你父亲的头是死后给割下来的！"

某甲抵赖不了，只得认罪，他果然是在报复程瑞不借钱给他。父亲病死后，某甲就割下头颅，趁夜翻越程瑞家的院墙，摸索到大厅，把头扔在那儿。第二天，再去程家敲诈。

县令怎么这么清楚头颅是在生前还是死后割下来的？因为《洗冤集录》上面写得清楚明白：

> 若项下皮肉卷凸，两肩井耸臞，系生前所斫落；皮肉不卷凸，两肩井不耸臞，系死后斫落。

这句话的意思是说，如果出现身首异处的情况，要仔细检查尸体的颈部和肩部。如果颈部上皮肉卷缩，骨头凸露，两肩血肉模糊，那头颅一定是在生前被砍下来的；反之，则是在死后被割下的。当时的官吏，在上任之前，会反复阅读《洗冤集录》；在上任之后，也会经常借助它来办案，《洗冤集录》里的内容，大多烂熟于心。某甲这点小伎俩，岂能瞒天过海？

我们再说一个案例。

清嘉庆年间，在浙江平湖发生一起命案。

第一讲 戎马倥偬

有一位大商人，租了几条船，雇了一伙年轻力壮的船夫，从平湖贩茧到上海去。一路上倒也风平浪静，可是，船到乍浦附近，前面有一条运米的船挡住了水道。这边茧船上的船夫们大呼小叫，让对方让路，但是，米船上的船夫并不给面子，自顾自地行驶。这边茧船上的船夫也是年轻气盛，就驾船向前冲去，结果撞到了米船的尾部。米船上的船夫叫骂起来，双方打起了口水战。这时候，茧船上的一个船夫跳上米船，揪住米船的船主要打。米船船主也不示弱，一脚把他踹倒。见到同伴吃亏，茧船上的船夫纷纷跳到米船上，围住米船的船主，拳脚相加。突然之间，那个船主哀号一声，鲜血迸流，倒在船上。原来不知是谁捅了他一刀，而且恰好捅在要害之处，那米船船主挣扎了几下，就没了气。

出了人命，事情闹大了。茧商问是谁干的，可是他船上的船夫们支支吾吾、互相推诿，没人认账。茧商自己推脱不了干系，只好让没打架的把那些打架的人拘住，送到平湖县衙，请县令发落。

这个县的县令刚好要离任，但是人命关天，他不能不管，只好升堂问案。县令详讯了案情的缘由，又到现场勘验，查实案情。但是，这个案子是谁做的呢？因为现场很混乱，大家都没看清；而船夫们又互相推诿，没人认账。这该怎么办呢？

县令仔细研究了米船船主的尸检报告之后，有了主意，下令把那些扭送来的船夫暂时关进大牢。

过了几天，县令叫人摆下酒宴，把大牢中的犯人们都请来吃饭，其中就有那批在押未决的船夫。县令对这些人说："我就要离任了。临走之前，想想你们这些人，在大牢之中衣不暖食不饱，很是哀怜。我就让人摆下酒席，算是慰劳你们一下吧。"美食当前，犯人们开怀畅饮。酒足饭饱之后，县令叫狱卒把这些犯人带回去，独独留下一个船夫。

这个船夫当时脸就变了。县令淡淡地对他说："你是怎么杀死

宋慈洗冤

米船船主的？"船夫当然叫屈。县令厉声叱道："你这该死的歹徒，还敢抵赖！死者伤在右肋，创口做右偏势，这是左撇子干的。刚才你们这些船夫吃饭，只有你用左手，难道你还想抵赖吗？"船夫无可辩解，只得认罪。

那么，县令的断案思路是从哪里来的呢？原来《洗冤集录》里面有这样一句话：

> 若是尸首左边损，即是凶身行右物致打顺故也。

意思是说，如果是尸首左边有伤损，那是行凶人用右手拿东西击打所致，这是手顺的缘故。那个米船船主伤在右肋，当然是因为凶手左手持刀所伤。县令根据这个思路，轻轻巧巧就锁定了犯罪嫌疑人。

《洗冤集录》上记载的法医知识和方法让嘉尔斯教授大开眼界，于是他就想把这本书介绍到西方。不过，当时流传的《洗冤集录》版本多达几十种，该选哪一种呢？后来，在朋友的帮助下，他挑选了一个比较简单的版本，把它翻译成英文，分期刊登在英国的《中国评论》上，标题叫作《洗冤录或检尸官教程》。

在嘉尔斯前后，还有多位学者把《洗冤集录》翻译成了不同的西方文字。这样，《洗冤集录》就传到了欧洲，让西方人见识到了在显微镜和解剖术发明之前世界上最先进的法医学，在一定程度上推动了西方近代法医学和刑事检验技术的发展。也因此，《洗冤集录》被公认为世界上最早的法医学专著。

这本"世界名著"是谁写的呢？

这个我们都知道，他就是那位在荧屏上赫赫有名的"大宋提刑官"、法医学的鼻祖——宋慈。

这样，《洗冤集录》就传到了欧洲，让西方人见识到了在显微镜和解剖术发明之前世界上最先进的法医学，在一定程度上推动了西方近代法医学和刑事检验技术的发展。

是谁给宋慈写的墓志铭？

宋慈究竟是怎样一个人呢？

我们来找找他的材料。

然而，令人奇怪和疑惑的是，这样一位杰出的历史人物，居然在《宋史》上无传；而宋元时期的重要典籍《文献通考》，字里行间也没有留下宋慈的任何踪迹。不仅如此，就连宋慈的桑梓之地——福建建阳，关于宋慈的材料也少得可怜。明嘉靖年间的《建阳县志》，对宋慈只记了六个字；到了清道光年间，才扩充到百余字。以至于纪昀（纪晓岚）在《四库全书总目》中介绍《洗冤集录》时，只得说作者宋慈"始末未详"，一语带过。一直到晚清，一个叫陆心源的人，有感于《宋史》的不足，写了一本《宋史翼》，才把宋慈给补了进去；而此时，宋慈已经辞世六百年了。

陆心源是从哪儿弄来的资料呢？

陆心源用的主要资料，来源于和宋慈同时期的南宋著名诗人刘克庄为宋慈写的墓志铭。

我们知道，古人死后，家属会找人为死者撰写墓志铭，然后把墓志铭刻在石头上，埋于墓中。因为古人讲究立德、立言、立行，所以他的生平事迹会写进墓志铭里，以求流芳百世。不过，墓志铭是要刻在石头上的，因此篇幅就不能过长，只能是简略地概括。宋慈的墓志铭只有两千多字。这位世界知名的"法医学鼻祖"，就只有这么一点资料存世。

宋慈的家人为什么找刘克庄来写墓志铭呢？

这就要从宋慈和刘克庄的交往说起了。

刘克庄是南宋末年的文坛领袖，被认为是和陆游、辛弃疾鼎足而三的人物。他和宋慈早年都师事当时的大儒真德秀，因此两

> 宋慈的墓志铭只有两千多字。这位世界知名的"法医学鼻祖"，就只有这么一点资料存世。

第一讲 戎马倥偬

宋慈洗冤

人是同学。不过,刘克庄仕途的起步比宋慈早,宝庆元年(1225年),他来到宋慈的家乡福建建阳任知县。这时候宋慈四十岁,正因为父亲去世,在家丁忧(守孝)。

应当说,刘克庄是位好官。建阳是大思想家朱熹晚年讲学之地,那里有一个考亭书院,不过朱熹死后,书院就荒芜了。刘克庄重修了考亭书院,还恢复了朱熹修建的建阳社仓,并筹得钱三千余缗,购米四千余斛,用来救济灾民。

宋慈是朱熹的再传弟子,刘克庄这么做,自然让宋慈深为敬重。而刘克庄也很欣赏宋慈,两人于是从同学进而发展为好友。刘克庄年纪小宋慈一岁,尊宋慈为兄,两人志趣相投,交情很深。

第二年,宋慈丁忧结束,朝廷任命他为江西信丰县主簿。宋慈开始了他的仕途生涯。但是刘克庄可没有那么幸运,他因为一首诗获罪,一年以后被罢了官,离开了建阳。

刘克庄写的是什么诗呢?这首诗很有名,叫《落梅》:

> 一片能教一断肠,可堪平砌更堆墙。
> 飘如迁客来过岭,坠似骚人去赴湘。
> 乱点莓苔多莫数,偶粘衣袖久犹香。
> 东风谬掌花权柄,却忌孤高不主张。

诗写得非常精彩,通篇不着一个"梅"字,却刻画出了梅花的品格和遭际。从表面上来看,它不过是刘克庄对"落梅"的怜惜和吟咏,并没有什么出格的地方。但是,如果细细品味,就可以领会其中深意了。

当时,蒙古已崛起于漠北,金兵对南宋更是虎视眈眈,而南宋小朝廷却苟且偷安,士大夫们过着纸醉金迷的生活。目睹现实,刘克庄忧心万分。他虽有一腔报国之志,却得不到重用,还备受排挤、迫害，于是，内心的悲愤和不满喷涌而出，借"落梅"这一意象曲折地表达了出来。通过对落梅哀婉缠绵的吟叹，诗人道出了一大批爱国之士抑塞不平的心声。

但是，这首诗给刘克庄惹来了大麻烦。诗中"东风谬掌花权柄，却忌孤高不主张"一句，让权臣史弥远非常恼怒。老板不爽，手下人自然出面替他摆平。有个叫李知孝的言事官（谏官），就跳出来指控刘克庄"讪谤当国"。刘克庄因此获罪而被黜官，坐废乡野达八年之久。后来，刘克庄才被重新起用，历经宦海沉浮，做到了工部尚书一职。

一天，家人来报，有人求见。刘克庄叫他进来，原来是个中年人。那人说，自己是宋慈的儿子。刘克庄很高兴，问他："惠父（宋慈字惠父）可好？"那人哭着说："父亲已经去世十年了。"刘克庄听到这个消息，非常悲痛，他问那人："你找我有什么要帮忙的吗？"那人说："想求您为父亲写一篇墓志铭。父亲临终前说，他的墓志铭一定要请您来写。"

这才叫生死相托啊！刘克庄想起当年在建阳时的慷慨激昂，想起分别以后时不时的挂念，想起各自在人生路上的坎坎坷坷，不禁涕泗横流。他慨然应允，为宋慈写下了墓志铭，题为《宋经略墓志铭》，完成了老友十年前的重托。

在这篇墓志铭里，刘克庄记述了宋慈的生平事迹，虽然比较简略，但却成为我们现在了解宋慈最重要的史料。后来，陆心源依据刘克庄的墓志铭，又找了其他一些零星的资料，给宋慈写了一篇传记，收进《宋史翼》中，算是弥补了《宋史》的不足。

> 刘克庄想起当年在建阳时的慷慨激昂，想起分别以后时不时的挂念，想起各自在人生路上的坎坎坷坷，不禁涕泗横流。

为什么宋慈在《宋史》中无传？

宋慈晚年曾经做到广东经略安抚使，为政一方，位高权重，

宋慈洗冤

声名显赫；《洗冤集录》又是有名的刑名著作，影响深远。这样的人，为什么在《宋史》中没有记载呢？

我们来看一种解释。

史学界对《宋史》的写作有这样一个评价。《宋史》是在元朝末年编纂的，由于政局动荡，加上前后只用了两年半的时间，所以比较粗疏。总体上，叙事详于北宋而略于南宋；特别是南宋恭帝以后，由于宋元交兵，史料匮乏，记载多阙。宋慈被陆心源列入《循吏传》，而《宋史·循吏传》有十二人，全部都是北宋大臣，南宋竟无一人，所以宋慈没有被列入也就不奇怪了。

这个说法似乎有些道理。但是，宋慈死后三十年，恭帝才即位。而且宋慈出任广东经略安抚使，毕竟也算是封疆大吏、朝廷重臣，朝廷里岂会没有他的材料？怎么会资料匮乏呢？就是不入《循吏传》，也完全可以写进别的史传呀？

再者，宋慈写的《洗冤集录》是在元代才流传开来，成为畅销书的。我们现在看到《洗冤集录》的最早版本，就是元刻本。元代，还流行在《洗冤集录》基础上编写的《平冤录》、《无冤录》，它们合称"宋元三录"，是官府重要的法医检验工具书。在宋慈去世后十九年，当时南宋尚未灭亡，元朝廷发布"检尸体式"，以防止检复迟缓，造成尸体腐烂难以检验，其内容就是《洗冤集录》中"四时变动"一节的全文，由此可见《洗冤集录》在元代的影响。这样又过了几十年，《宋史》才开始编纂。可以说，此时宋慈这个名字对于元朝官僚集团来说，并不陌生，"《宋史》编纂委员会"的人当然也是知道的。所以，宋慈不入《宋史》应该既不是因为政局动荡，也不是因为成书仓促，更不是因为史料匮乏，而是有其他的原因。

什么原因呢？我们总结一下，大概有两个。

> 在宋慈去世后十九年，当时南宋尚未灭亡，元朝廷发布"检尸体式"，以防止检复迟缓，造成尸体腐烂难以检验，其内容就是《洗冤集录》中"四时变动"一节的全文，由此可见《洗冤集录》在元代的影响。

其一，儿子对老子的影响。

这个说法有点雷人，但却是有可能的。

据考证，宋慈有三子二女，其中一个儿子叫宋秉孙，可能就是向刘克庄求墓志铭的那位。对他，清朝人记录了这样一则资料："慈子，淳祐进士。累官朝奉大夫，入元不仕，以吟咏自娱卒。"宋秉孙当上了朝奉大夫，官秩不低，是正五品。南宋灭亡后，他"入元不仕"，后人赞其气节，说他可以和陶渊明相媲美。我们知道，陶渊明就是因为不愿为五斗米折腰而归隐的。像宋秉孙这样的人，大概可以入正史的"隐逸传"。

但是，元人编《宋史》是有原则的，要宣扬自己是正统，因此对于南宋后期抵抗元军的将领王坚、生祭文天祥的王炎午、终身面不向北的郑思肖、爱国诗人刘克庄，以及其他一些元初的隐逸之士，均不入史，所以《宋史》中也就没有《宋秉孙传》。这种编写态度可能也就影响到宋秉孙的父亲宋慈——古人很喜欢在这些事情上搞"株连"；再加上宋慈虽然做过广东经略安抚使，但毕竟为时很短（他很快病死任上），于是不入史似乎也就顺理成章了。

其二，古人对科学技术的不重视。

从内容上说，《洗冤集录》不是道德文章，也不是诗词歌赋，而只是一些技术知识方面的内容。这些技术知识，涉及腐肉、血液、斑迹等。这些常人避之唯恐不及的东西，难登大雅之堂。所以，即便是宋慈取得了惊天的成就，在古人看来，也只是"末技"而已，并不重视。在编写《宋史》的时候，虽然"编委会"的人也知道宋慈这个名字，知道他是南宋末年的人，但是也没有考虑为他立传。

一代科学巨匠，法医学鼻祖，就此籍籍无名，实在令人惋惜。

其实，这种情况在我国古代是相当普遍的。人们对科学技术采取了一种实用主义的态度：对认为有用的，大力扶持；对认为

第一讲　戎马倥偬

> 一代科学巨匠，法医学鼻祖，就此籍籍无名，实在令人惋惜。

宋慈洗冤

> 有宋一代，在科技方面取得了前所未有的成就，可以说达到了封建社会的巅峰。

没用的，加以贬斥。我国古代发展得比较好的几个学科，如天文学、算学、医学、农学等，因为事关封建统治和国计民生，才受到高度重视和扶植，得以发展；而其他大多数的学科门类，则被斥之为"奇技淫巧"，任其自生自灭。

在西方与日本史学界，很多人认为宋朝是中国历史上的文艺复兴时期。有宋一代，在科技方面取得了前所未有的成就，可以说达到了封建社会的巅峰。但是很可惜，这些科技成果并没有得到很好的传承和发展，很多都湮灭在漫漫的历史长河之中了。从这一点来说，《洗冤集录》还算是幸运的。

宋慈是怎么行"辛王之事"的？

虽然《宋史》没有《宋慈传》，不过，借助刘克庄写的《宋经略墓志铭》，我们对宋慈有了大致的了解。但是，让我们诧异的是，这位法医学的创始人，在他仕途的前半段，并不像荧屏上表现的那样去侦破案件。不仅如此，这位进士出身的文官，竟然还领兵打仗，而且屡立战功。

宋慈怎么会打起仗来了呢？

宋慈真正出仕的时候，已经四十一岁了。他得到的官职，是江西赣州信丰县主簿。主簿一般主要负责管理文书簿籍，大概相当于现在的县政府办公室主任。在他担任主簿后不久，就碰到当地少数民族起义，史书上叫作"三峒煽乱"。

南宋中后期，朝廷在政治上更加腐败，经济上也加重了对人民的剥削，赋役沉重，仅杂税一项即达正赋的九倍。在这种情况下，各种暴动、起义四起，全国大小多达二百余起。宋慈曾经做官的赣州和福建，是当时农民起义发生次数最多的地区。而这次

"三峒煽乱"的波及面很大,达数百里之广。朝廷在一开始的时候,是采用招安的政策,但是随着起义的不断升级,转而进行武力镇压。当地官府招兵买马,还把身为文官的宋慈也拉了进来,给他一个"准备差遣官"的官职,派他"剿灭叛贼"。

好友刘克庄知道宋慈要领兵出征,就给他写了一首词,词文是这样的:

满腹诗书,
余事到、穰苴兵法。
新受了、乌公书币,
著鞭垂发。
黄纸红旗喧道路,
黑风青草空巢穴。
向幼安、宣子顶头行,
方奇特。

溪峒事,
听侬说。
龚遂外,
无长策。
便献俘非勇,
纳降非怯。
帐下健儿休尽锐,
草间赤子俱求活。
到崆峒、快寄凯歌来,
宽离别。

宋慈洗冤

词中说"向幼安、宣子顶头行",是勉励宋慈向辛弃疾(字幼安)、王佐(字宣子)二人学习。绍兴三十一年(1161年),金主完颜亮大举南侵,在其后方的汉族人民由于不堪忍受金人的苛政而奋起反抗。二十一岁的辛弃疾也聚集了两千人,参加了一支由耿京领导的起义军。不久,完颜亮兵败采石矶,在撤军途中为部下所杀,金国内部政局动荡。趁此机会,耿京命令辛弃疾南下联络南宋朝廷,接应宋军北伐。辛弃疾完成使命归来,却听到耿京被叛徒张安国所杀、义军溃散的消息,非常愤怒。于是,他便率领五十多人袭击几万人的敌营,在万马军中擒获叛徒,还把他带回建康,交给南宋朝廷处决。王佐是绍兴十八年(1148年)戊辰科状元。当时秦桧的儿子秦熺提举秘书省,很多人巴结他,只有王佐不和他多说一句话。秦熺非常恼怒,怂恿父亲秦桧将王佐外放。后来,王佐做了建康知府。朱端明利用邪教,和军营中的不逞之徒相互勾结,图谋不轨。王佐到任后,他们便密谋:"新留守精明干练不可欺,稍缓起事必败,不如提前行动。"就相约在春季阅兵的时候起事。这件事本来极其诡秘,却被王佐获悉。他坐在帐中,不动声色地下令:将为首者斩杀,将他几个重要的信徒判流放岭外,其余均不问罪——一场叛乱瞬间平息。王佐为官多年,所到之处皆以德政闻名。他死后三年,陆游为他撰写了墓志铭,对其一生给予了很高评价。

总体来说,刘克庄是希望宋慈能像辛弃疾那样果断和勇敢;像王佐那样不奴颜媚上,体恤民众,布施德政;最好还能有点儿像王佐那样"谈笑间,樯橹灰飞烟灭"的儒雅气质。这个临别赠言对宋慈产生了很大影响。

宋慈来到前线,做了一番调查研究。他发现,并非所有的峒民都参与其事,真正的"乱民"只是其中很少一部分;峒民参与

> 总体来说,刘克庄是希望宋慈能像辛弃疾那样果断和勇敢;像王佐那样不奴颜媚上,体恤民众,布施德政;最好还能有点儿像王佐那样"谈笑间,樯橹灰飞烟灭"的儒雅气质。这个临别赠言对宋慈产生了很大影响。

是因为朝廷横征暴敛,民无所食。老百姓吃不饱肚子,能不造反吗?于是宋慈拿出粮食,赈济饥民,民心很快稳定下来。

接下来,宋慈联系副都统制陈世雄,要求合力进剿"平乱"。但是,对方的声势很大,陈世雄虽然手握重兵,却畏怯不前。宋慈却不怯敌,他经过一番侦查,只带领三百人,就击破被对手控制的石门寨,旗开得胜。陈世雄一看有机可乘,也发动了攻击。但是他没有侦察敌情,结果惨败,"将官死者十有三人",不得不退守赣州。这一下,对方军队声势更甚。

宋慈觉得,真正"平乱",还得用赈济灾民的办法,就联系在附近的另一支宋军将领魏大有,希望能得到他的支持。但是,一个文官第一次打仗就取得如此战绩,让身为武将的魏大有心里酸溜溜的,他驳回了宋慈的请求。宋慈未得支持,只得勉力再战,又破了高平寨,大获全胜。就这样,"三峒煽乱"很快平定下去了。

这平生第一仗,宋慈果然像辛弃疾那样果断和勇敢,像王佐那样体恤民众,不负好友所望。

我们有一个小小的疑问:这个勇猛过人的宋慈,他会武功吗?

从战场的表现来看,宋慈应该是身怀武艺的。

可能有人会有些疑惑:宋慈是个儒生呀,儒生怎么会学武术呢?

其实这是一个误解。在古代,我们称赞一个儒生优秀,会说他"通五经贯六艺"。"五经"指的是《周易》《尚书》《诗经》《礼记》《春秋》五部书,儒生要烂熟于心。"六艺"指的是礼、乐、射、御、书、数六种基本技能,这也是一个儒生必须掌握的。其中,射指的是射箭,御指的是骑马驾车,都有武术的内容。所以,一个儒生可能是文质彬彬的,但你千万不要以为他就是手无缚鸡之力;他也许能纵马驰骋,射箭亦是百发百中。宋慈曾在南宋的

宋慈洗冤

最高学府——太学学习了十多年，接受系统的儒家教育，所以他会些武术一点也不奇怪。

宋朝是中国武术大发展时期，习武风气很盛。由于外族的频繁入侵和国内农民起义不断，地方民众纷纷组织起来，结社自卫。他们置办兵器，演习武艺，这是当时农村的一个普遍现象。在城市，甚至还出现了打擂比赛。据《梦粱录》的记载，临安护国寺的南高峰设有擂台，各地的武林高手在此一较高下。宋慈在建阳农村生活二十年，然后去临安求学十多年，耳濡目染之下，他应该多多少少也学了点各门各派的武功。

武术不仅强健了宋慈的体魄，更重要的是锻炼了他的意志。宋慈在战场上敢于孤军深入、奋勇杀敌，这和他研习武术是很有关系的。

然而，"木秀于林，风必摧之"，这个勇猛过人、战功卓著的儒生遭到了他人的妒忌。

"三峒煽乱"平定以后，朝廷论功行赏，宋慈被"特授舍人"。那个魏大有也升了官，成为宋慈的顶头上司。舍人一职在宋朝的官制里是从七品，而主簿是从九品，宋慈一战就升了两级，这就让魏大有更加忌恨。这个心胸狭小的上司经常找机会给宋慈穿小鞋。有一次，宋慈实在忍受不了，拂袖而去，并对人说："斯人忍而愎，必召变。"意思是说，这个人生性残忍，又刚愎自用，一定会招致部下哗变的。这话给魏大有抓住了：这是侮辱上司呀！他立马上奏，弹劾这个出言不逊的下级。朝廷很快批复，罢免了宋慈。这个平定"三峒煽乱"的功臣，就这样丢了官。

那个魏大有呢，果然如宋慈所说的"必召变"：后来，部卒们忍受不了这个心胸狭隘、到处找茬的上司，把他杀了。

宋慈为什么被荐为长汀知县？

罢了官的宋慈，不久得到了太学恩师真德秀的帮助。真德秀把他推荐给陈韡做幕僚。

陈韡是何许人也？

陈韡是南宋末年的著名将领，名震海内外。《宋史》里面记载了这样一件事：衢州的起义军攻破常山、开化等地，声势大振。紧急关头，任福建路招捕使的陈韡，命手下将领率七百人趁夜奔袭义军营寨。起义军开寨迎战，见到官军的旗号，大惊："此陈招捕军也！"有些人居然哭了起来。官军趁势进攻，大获全胜，平定衢州。

官军只要打出陈韡的旗号，对手就会溃乱，可见陈韡的威名。

这位名将和真德秀有些交情，看到真德秀的举荐信，就把宋慈留了下来。深入交谈以后，陈韡非常欣赏宋慈，得知了宋慈的遭遇后，深深为他不平。在陈韡的保荐下，宋慈洗去先前魏大有的诬陷，官复原职。

这个时候，朝廷命令陈韡讨伐福建、江西一带以晏彪为首的起义军。

晏彪所率领的，实际上是盐贩起义军。

南宋时期实行食盐官卖。官盐的价格很高，往往是私盐的数倍；质量也很差，往往掺杂灰土，不堪食用。很多贫苦的农民就贩卖私盐，从中获利。和官盐相比，私盐价格低廉，质量也较好，很受百姓欢迎，因此很多民众经常群起拒买官盐。官府为了盐利，就派官兵缉捕贩运私盐的盐贩。每年这些盐贩被捕判罪的达数万人之多。于是，盐贩们就组织起来，执持兵械，抗击官府缉拿。

> 深入交谈以后，陈韡非常欣赏宋慈，得知了宋慈的遭遇后，深深为他不平。在陈韡的保荐下，宋慈洗去先前魏大有的诬陷，官复原职。

第一讲 戎马倥偬

宋慈洗冤

绍定元年（1228年），一个叫晏彪的"盐寇"，带着一批盐贩在福建汀州的潭飞漈举行武装起义。得到消息，官府就派军队前去镇压。但是潭飞漈这个地方地形很独特，它周边群山环绕，很难进入，而且草深林密，易于隐藏。官军不明地形，轻率冒进，结果中了埋伏，大败而走。义军声威大振，队伍迅速扩展。后来，一部分义军进入江西，赣南的农民纷纷响应，加入义军。这样，义军人数达数万人，波及福建、江西数百里范围。这就是轰动一时的晏彪起义。

对于义军，各地官府的意见不一致，有主张剿灭的，有主张安抚的，还有想"以匪制匪"的。汀州守臣陈孝严感到手下官军孱弱，难以对敌。恰在此时，一伙"彪悍"的盗贼进入汀州境内，陈孝严就想利用他们抵御晏彪的义军。这本来未必是件不事，然而陈孝严处置失当。这些人是一伙打家劫舍的贼盗，收编他们是为了对付晏彪，这本来只是权宜之计，陈孝严却本末倒置，把他们倚为腹心，疏远甚至仇视官军。这就激起了官军的强烈不满，进而发生哗变。那伙盗贼旋即联合晏彪的部众攻打汀州，得亏城内的一些地方武装拼死抵抗，汀州才没有失陷。

朝廷被晏彪起义弄得焦头烂额，最后命令陈韡来摆平此事。

陈韡接到命令以后，仔细分析了当地的形势，认为是官府剿抚不定，致使晏彪"坐大"，所以应该统一思想，那就是要坚决剿灭义军。他把自己的意见具表上奏，朝廷于是决意进行武力弹压。

怎么剿灭晏彪的义军呢？

打蛇打七寸，陈韡就想到了潭飞漈。这是义军的大本营，大本营被攻陷，对义军的士气将会是一个沉重的打击。而此时，晏彪不在潭飞漈，他的多支部队又在四处征战，恰好可以实施突袭。

陈韡决定派两路人马，分路合击潭飞潑。派谁做统兵将领呢？他选了两个人，一个是他手下的猛将王祖忠，这是大家意料之中的；另一个却是宋慈，这可让在场的所有人都瞠目结舌。根据陈韡的安排，这两路人马，王祖忠率主力，吸引义军的注意力；宋慈率奇兵，从小路出击，两军会于老虎寨。王祖忠很不满，觉得大帅用人不当。奇兵就是"出敌不意的军队"，而宋慈这支"奇兵"最出其不意的地方，就是主将宋慈了。宋慈上战场，明摆着去送死呀！这一介书生，他怎么能完成这样一个"不可能完成的任务"呢？看来，别说是到老虎寨，就是攻打潭飞潑，也只能靠自己单打独斗了。

王祖忠气呼呼地出发了。行军路上，他遭到义军的节节阻击。王祖忠的部队很能打仗，一路上击退各路义军，等他气喘吁吁来到老虎寨，却发现宋慈也杀到了。原来，宋慈的部队从小路出发，也遭到义军的拦截，他率部且战且行，行军三百里，按时到达会合点。这让王祖忠大为惊异，叹服道："君忠勇过武将矣！"他可不像魏大有那样心胸狭隘，反而倾心相交，和宋慈成为好朋友，对宋慈言听计从。

宋慈讲求战前的谋划，"先计"才可后战。在他的谋划下，宋军击破潭飞潑。义军损失惨重，溃败到平固。宋慈又和李大声驰援平固，擒住了义军主将。在回程途中，有一路义军密谋袭击他们，希图掩夺被擒将领，被宋慈发现。宋慈经过激战，击溃那支义军，抓住了他们的将领。至此，义军大本营被攻破，主要将领悉数被擒，遭到沉重打击。

晏彪带着余部转入山区，后来被陈韡领军围住。义军粮尽援绝，只得出降。但是陈韡认为，晏彪是"力屈乃降"，不是真心投降，一旦条件允许，他可能会再次起事，于是把他杀了。晏彪起义就此失败。

第一讲　戎马倥偬

> 奇兵就是"出其不意的军队"，而宋慈这支"奇兵"最出其不意的地方，就是主将宋慈了。

宋慈洗冤

但是，事情还没有结束。

前面我们说到，陈孝严在汀州处置失当，激起兵变。叛军挟持了陈孝严，掩城负固，抵抗官军，要与官府谈条件。陈韡命宋慈与李大声"讨之"。"讨之"的意思，就是剿灭。但是怎么剿灭呢？况且，激起兵变官府也有责任呀，"草间赤子俱求活"，总不能把他们都杀光了。

可能是受了刘克庄嘱托的启发，宋慈想到了一个办法。

到汀州之后，他找了一面大旗，在上面写下了招降文告。然后，他和李大声一起，排摆酒宴，约叛军的七个头目谈判。这些叛军头目来了，一个个都拿着兵刃，气势汹汹。看到这个阵势，李大声脸色大变。而宋慈却面不改色，雍容如常，和蔼地让他们入席。等到叛军头目都来齐了，宋慈大喝一声，两厢伏兵冲出，把这些叛军头目拿下。宋慈即刻下令，把这七个人都杀了，然后"枭其首"，同时打出招降大旗。叛军头目被杀，军心涣散，再看到招降大旗，于是纷纷投降。这样，宋慈只杀了七个人，就平定了汀州兵变，和当年王佐平定朱端明之乱如出一辙。

> 这样，宋慈只杀了七个人，就平定了汀州兵变，和当年王佐平定朱端明之乱如出一辙。

在镇压晏彪起义的过程中，宋慈表现出卓越的军事和政治才华，深受陈韡的赏识。绍定四年（1231年），宋慈被荐为长汀知县。

刘克庄在墓志铭中回忆说，当年他对宋慈"期之以辛公幼安、王公宣子之事"，能够建功立业。而宋慈不负所望，"果以才业奋历中外，当事任，立勋绩，名为世卿者垂二十载"，他的声望也"与辛王二公相颉颃焉"。言下，颇为好友感到骄傲。

现在，国际上研究宋慈和《洗冤集录》已经形成一门学问，称为"宋学"，它是以宋慈的姓氏来命名的。为了和研究宋朝的"宋学"相区别，人们又把它写成"宋（慈）学"。许多"宋（慈）学"研究者，在评价宋慈的时候，大多是从"伟大的法医学家"的角度进行定位，对他的"武绩军功"往往略而不谈，或者指责他参与镇压了农民起义。这无疑是以今人的善恶标准去衡量古人。

脱离了历史时代来评价宋慈，既不能客观地了解其生平，也不能真正认识他的人生观、思想方法与行为动机。对于一个封建官吏来说，他效忠的是封建王朝，维护着这个国家的利益。因此，弹压治下、维护一方稳定，是他的职责——从这一点上来说，宋慈的所作所为，无可指责。而宋慈不滥杀无辜、体恤民众，则更是难能可贵。

还要说明一点的是，正是因为平定"三峒煽乱"、晏彪起义和汀州兵变，宋慈的"政绩"才为朝野上下所共知，进而升为长汀知县，后来又逐步升职，成为"大宋提刑官"的。

这一讲，我们了解了宋慈仕途初期的一些鲜为人知的经历，这位"法医学鼻祖"是因为平定"三峒煽乱"、晏彪起义和汀州兵变这些"武绩军功"才得以逐步升职的。在历史上，宋慈被认为是个"循吏"，那么，古人为什么会给他这样一个评价呢？

请看下一讲《循吏楷模》。

第一讲　戎马倥偬

> 而宋慈不滥杀无辜、体恤民众，则更是难能可贵。

第二讲 循吏楷模

宋朝有怎样的考绩制度？
宋慈有怎样的政绩？
宋慈有怎样的人脉关系？
宋慈的修养是从哪儿来的？
为什么说宋慈是个循吏？

上一讲，我们介绍了宋慈的"武绩军功"。这位"法医学鼻祖"在他仕途的起步阶段，其实是与断案毫无关系的。不仅如此，宋慈官职的升迁也是颇为迟缓的，他是苦熬了十多年才当上了提点刑狱使，做了我们现在所熟知的"大宋提刑官"。

宋慈为什么会"苦熬十年"呢？

宋朝有怎样的考绩制度？

我们来看看宋慈的仕途之路。

宋慈出生于宋孝宗淳熙十三年（1186年）。据说，他自幼聪明好学。十岁开始入学，二十岁赴杭州就读于南宋最高的学府——太学，成了大儒真德秀的学生。宋慈学习用功，文章也写得很好，老师真德秀对他格外垂青。

> 宋慈学习用功，文章也写得很好，老师真德秀对他格外垂青。

但是，这位聪明刻苦、作文优秀的学生却考不好试。太学的学生分为上舍、内舍、外舍三等，学生按照考试成绩升等，达到上舍等的学生不需要再参加科举考试，而由朝廷直接授予官职。

宋慈在太学多年，却一直没有考到这个等级，只好转回头来参加科考。他直到三十二岁才中进士乙科，朝廷派他去浙江鄞县任县尉（掌一县治安）。恰逢父亲宋巩病重，并于两年之后病故，所以宋慈居家服丧，并未赴鄞县就任。直到宝庆二年（1226年），四十一岁的宋慈才开始真正步入仕途，去任赣州信丰县的主簿。他虽然战功卓著，却受到上司的诬陷，被免了官。后来，由于陈韡的赏识，被荐为福建长汀知县，后又任邵武通判。

当了十多年最基层的官吏，一直到嘉熙三年（1239年）他五十四岁的时候，宋慈才任广东提点刑狱公事，当上了所谓的"提刑官"。而他在这一职位上，先后做了广东、江西、广西、湖南四处提点刑狱公事。直到淳祐九年（1249年），宋慈才升了官，任广东经略安抚使。就在这一年的春天，宋慈于广州任内病逝，享年六十四岁。

纵观宋慈的仕途之路，我们发现，他的官职按部就班，升迁是很慢的。特别是最后十年，他总是在"提刑"一职上打转转，总也升不上去。我们知道，古代官吏是要考绩的，每年一小考，三年一大考。考核成绩好的，就会有升迁的机会。从刘克庄写下的墓志铭来看，宋慈的政绩还是相当不错的，那他为什么很难升职呢？

除了正常考核之外，宋朝还有一种三年一次的磨勘考核制度，用于提拔优秀的官吏。这种制度创于宋真宗年间，朝中大臣可以作为荐举人向皇帝推荐某一位基层官吏，他要写下推荐书，其中详述被举人的治绩优劣和功过，以及磨勘（如何磨砺和考评）的条件，呈报给朝廷。朝廷批准以后，就会对被举人进行磨勘。如果被举人在任期内表现良好，政绩优异，就可以提前得到提升；如果被举人考绩差，就会延缓提升；而如果被举人违法犯罪，则不仅他要受到惩处，荐举人也会受到牵连。在这种机制下，官吏

第二讲 循吏楷模

> 当了十多年最基层的官吏，一直到嘉熙三年（1239年）他五十四岁的时候，宋慈才任广东提点刑狱公事，当上了所谓的"提刑官"。

的升职会很快，所以宋朝的士大夫们非常重视磨勘。不过，这需要朝中有人愿意承担风险，为他做荐举人。

这样看来，宋朝的一个基层官员要获得快速升迁，得有两个条件：政绩和人脉。而这两个条件，宋慈具备吗？

宋慈有怎样的政绩？

我们来看看宋慈的政绩。

由于得到陈韡的赏识，宋慈被他荐为福建长汀知县，这一年是绍定四年（1231年）。

我们知道，长汀是晏彪农民起义军的影响范围。晏彪起义实际上就是盐贩起义，它反映了朝廷和民众在盐这一问题上的尖锐矛盾。那么这个问题是怎么来的呢？

常言说，开门七件事，柴米油盐酱醋茶，这都是我们在生活中离不了的必需品。但是对于盐，其实我们并不了解。在古代，我国产盐的地方很多，盐的种类也很多。据沈括在《梦溪笔谈》中记载，大致说来，盐分四种。一种叫末盐，也就是海盐，产于沿海一带。一种叫颗盐，产在解州等地区（在今山西一带），这是一种未经炼制的粗盐，味道有点苦。第三种是井盐，是人们凿井开采出来的，分布在四川一带。最后一种叫崖盐，生于土崖之间，状如白矾，经过炼制可以食用。这种盐分布范围很窄。

宋朝施行的是国家专卖制度，其涉及的商品很多，如盐、茶、酒、香、矾等，称为禁榷。禁榷收入是宋朝财政收入中最重要的组成部分之一。因为盐是人民日常生活的必需品，因此在各项商品中，榷盐的收入又超过其他商品的禁榷，在政府的禁榷收入中占有最重要的地位。在北宋时期，国家通行解州的颗盐。到了南宋，由于解州丢失，朝廷不得不依靠海盐来增加财政收入。由于国家的榷盐制度存在很多问题，这就激化了政府和民众的矛盾，晏彪起义就是这么爆发的。

宋慈在仕途生涯中，也碰到过两次"盐的问题"。一次是他在长汀知县的任上，另一次是十年后他移任江西提点刑狱之时。宋慈是怎么解决的呢？

先说第一次。

宋慈到了长汀以后，发现县内的盐政很有问题。长汀地处福建内地，并不产盐，当地的海盐是经过闽江运来的。由于地形复杂，水路陆路均不通畅，一般要到第二年才能把海盐运来。这样，各个环节层层加价，导致长汀盐价昂贵，百姓不堪重负。以前的官吏们由于可以在中间捞取好处，所以也没有认真解决这个问题。高昂的盐价激发了各种矛盾，导致境内社会动荡。宋慈经过调查发现，如果改变盐道，从广东潮州运盐，这样往返仅需三个月，既节省了时间又降低了运费。于是宋慈上奏朝廷，改道潮州，很快就使长汀的盐价降了下来。老百姓得了好处，称赞宋慈的措施是惠民之举。盐的问题解决了，长汀的社会秩序也随之稳定，民国时期的《长汀县志》上说：长汀"境内以治"。

嘉熙四年（1240年），宋慈移任江西提点刑狱，他第二次遇到了"盐的问题"。不过，与他在长汀任上所遇情况不同，上次他遇到的是盐的运输体制问题，这次他面临的是贩私问题。

江西、福建和广东三路交界处是淮盐、闽盐和广盐行销的交界地区，三盐的差价非常大，所以私贩盛行，"盐寇"活动猖獗。当时江西盐贩们，每到农闲的时候，就会到福建、广东贩私盐进入江西。他们携带兵器，武装走私，以对抗官府的巡逻禁卒。有些盐贩还在闽粤境内持械剽掠，地方上也不能把他们怎么样。这

> 盐的问题解决了，长汀的社会秩序也随之稳定，民国时期的《长汀县志》上说：长汀"境内以治"。

第二讲　循吏楷模

宋慈洗冤

就直接影响了朝廷的榷盐收入,也扰乱了地方治安。

对于贩私问题,官府曾经治理过。一个叫王柟的在主政赣州时,施行保伍法,加强户籍管理,控制人口流动。这个方法很有效,当年就使贩卖私盐得到基本控制。不久,王柟罢官,保伍法随之废弃。在其后的二十多年里,贩私问题一直得不到有效治理。

宋慈到任以后,决心解决这个问题。他通过调查研究,决定推行"鳞次保伍"法。这条措施是对王柟保伍法的改进,实质就是加强出入境检查。"鳞次保伍"开始施行时,人们议论纷纷,不以为然;而宋慈不为所动,坚持推行。不久,江西的贩私问题果真得到解决。宋慈的政绩受到了朝廷的表彰,他的"鳞次保伍"法还被推广到邻近地区。

> 宋慈的政绩受到了朝廷的表彰,他的"鳞次保伍"法还被推广到邻近地区。

卸任长汀知县以后,宋慈曾经担任邵武通判一职,后来又改任南剑州通判,不过他没有去。通判是"通判州事"或"知事通判"的简称。宋代,通判一职是皇帝为加强对地方官员监察和控制所设,可视为知州的副职。

嘉熙三年(1239年)前后,浙西干旱歉收,造成饥荒。

宋慈奉命到这一带考察。他发现,当地的情况很糟糕:"饥民夺食于路",而"强宗巨室"却趁机囤积居奇,使得"斗米万钱"。宋慈深感事态严重,若不采取措施,祸患将会不日而至。他说:"强宗巨室,始去籍以避税,终闭粜以邀利,吾当代谋之。"但是官府没有那么多粮食来赈济灾民,那怎么去"谋"呢?

宋慈经过慎重思考,提出了一个"济粜法"。即将人户分为五等:"上者半济半粜,次粜而不济,次济粜俱免,次半受济,下者全济之,全济之米从官给。"这里的"济"就是救济的意思,"粜"就是卖米的意思。谁卖米呢?就是强制"强宗巨室"把多余的米卖给国家,然后由国家来救济灾民。宋慈建议把人户按照经济情况分为五类，赤贫者接受完全救济，稍好者接受一半救济，中等以上者不受救济，富有者还要把自己家中的存粮拿出来卖给国家。

朝廷采纳了宋慈的建议，并命他执行。在济粜过程中，宋慈不徇私情，不惧豪强，"抚善良甚恩，临豪猾甚威"，使得措施得到很好的贯彻，让灾民渡过了饥荒。

不过，这种强制征集余粮的做法，也是不得已而为之。灾情紧急，国家储备不够，就只能强制有财力的富户出粜粮食，以解燃眉之急。朝廷看似抑富救贫，实则是用权力剥夺富户财富，这必然激化国家和富民之间的矛盾。虽然宋慈把人户细化，尽量减轻对富户的剥夺，但是矛盾还是不可避免的。富户们不敢和朝廷对抗，就把气撒在宋慈身上，不久就把他弄走了。

由于史料所限，我们只能看到宋慈这样一些"政绩"。但是，宋慈所到之处，皆有政声，说明他有能力，有作为，是位"能吏"。

> 宋慈所到之处，皆有政声，说明他有能力，有作为，是位"能吏"。

宋慈有怎样的人脉关系？

我们再来看看宋慈的人脉关系。

南宋晚期有三位很有名的人物：真德秀、魏了翁和陈韡，他们和宋慈都有很密切的关系。

我们简单说一下他们的情况。

真德秀本姓慎，本名应该叫慎德秀，因晚年曾在家乡的莫西山读书和著述，故人们又称其为西山先生。南宋孝宗叫赵昚（音慎），皇帝既然叫这个名字，在封建年代，就要避讳。一般来说，大家都避免用这个字或者这个音。但是真德秀有点倒霉，因为他姓慎，也必须得避讳，所以不得不改姓，把竖心旁去掉，改姓这个怪怪的"真"。

宋慈洗冤

真德秀十五岁丧父，母亲在穷困中坚持供他学习。小真德秀勤奋努力，所以学业上进步很快。他十八岁时便考上了举人，二十一岁考中进士，不久就做了太学正，也就是南宋最高学府——太学的校长。其后，他的仕途平坦，最后拜参知政事，相当于现在的国务院副总理。

年轻的真德秀忧于国事，屡屡向宋宁宗进言，数年之间论奏达数千万言之多，其中许多意见非常中肯，因而受到了皇帝的敬重。由于他的奏议切中时弊，并且在很大程度上代表了一些正直的士大夫的心声，因此在朝廷内外引起很大反响，许多人甚至将他的论奏抄录出去，进行传播和诵咏，这就使真德秀成为名重一时的政论家。此外，真德秀还是继朱熹之后的理学正宗传人，当时的声名也很大。

南宋养士风气很盛，太学的人数多至七百人，其中相当数量的人后来在仕途都有很大的发展，作为太学正的真德秀可谓桃李满天下。宋慈在太学里读书非常用功，文章尤其写得好，真德秀"谓有源流出肺腑"，盛赞他的文章都是从心灵深处发出来的，可见宋慈是真德秀很欣赏的一个学生。

我们再说魏了翁。

魏了翁号鹤山，他是和真德秀齐名的一位理学大家，有着极高的社会声望，所到之处都有读书人背着书前来求教。由于真、魏等人的努力，使得朱熹理学得到朝廷认可，成为官方的统治思想，所以后人说"从来西山、鹤山并称，如鸟之双翼，车之双轮，不独举也"。

魏了翁还擅写诗词，留下不少作品，其中有一首词是这样的：

月落星稀露气香，烟销日出晓光凉。

> 宋慈在太学里读书非常用功，文章尤其写得好，真德秀"谓有源流出肺腑"，盛赞他的文章都是从心灵深处发出来的，可见宋慈是真德秀很欣赏的一个学生。

天东扶木三千丈，一片丹心似许长。

淇以北，洛之阳，买花移竹且迷藏。

九重阊阖开黄道，未信低回两鬓霜。

这是一首言志词，以兴的笔法抒发自己的报国之心，其中"一片丹心似许长"一句写得荡气回肠，因而传诵一时。

魏了翁和真德秀是同年出生，同榜考中进士。不过，和真德秀不太一样，魏了翁的仕途有些坎坷，但是最后也做到了工部侍郎、礼部尚书、枢密使等职。

端平二年（1235年），枢密院知事曾从龙督视江淮军马，礼聘宋慈为幕僚，然而宋慈还没到，曾从龙就病故了。朝廷让魏了翁兼领曾从龙的职务，于是宋慈就成了魏了翁的幕僚。

刘克庄说："慈宾主欢甚，每曰赖有此客尔。"说宋慈很有能力，魏了翁很依仗他，让他打理内外事务，于是他成了魏了翁的"办公室主任"。两人私交也很好，"宾主欢甚"。

陈韡，我们在上一讲介绍过，他是南宋末期军事方面的重臣。

"三峒煽乱"平定以后，宋慈被魏大有弹劾，不仅丢了官，还顶了一个侮辱上司的罪名。无奈之下，宋慈只得求助于恩师真德秀。真德秀写了一封举荐信，把他推荐给陈韡做幕僚。

两人深交之后，陈韡非常赏识宋慈。在他的帮助下，宋慈洗去先前魏大有的诬陷，官复原职。在镇压晏彪起义的过程中，陈韡大胆使用本是文职的宋慈。宋慈不负所望，率军攻取义军大本营潭飞滚，后来又平定了汀州兵变，战功卓著。在陈韡的举荐下，宋慈当上了长汀知县。

他们的缘分还不止如此。淳祐七年（1247年），宋慈提点湖南刑狱。当时陈韡为湖南安抚大使兼节制广西，他礼聘宋慈为参

> 说宋慈很有能力，魏了翁很依仗他，让他打理内外事务，于是他成了魏了翁的"办公室主任"。两人私交也很好，"宾主欢甚"。

宋慈洗冤

谋，事无大小，多与宋慈商量而后行。一次，南丹州（今广西南丹县）传来军报，说是蒙古大军逼近，请求朝廷派兵支援。当时金国已灭，蒙古开始入侵南宋版图。陈韡的部下认为应该出兵回击，陈韡就和宋慈商议。宋慈分析后认为，南丹地处偏远，战略位置也不是很重要，蒙古大军完全没有必要越过广大地区长途奔袭南丹。这么大的军事行动，别的地方都没有军报，南丹又怎么能知道呢？他判定这是一份假情报，建议陈韡拒绝。后来经过调查才知道，原来南丹和邻近的鬼国（今贵州境内）争夺金矿，南丹占不了便宜，就谎报军情，希望能借助朝廷大军夺取金矿。虽然宋慈并不知道内情，但是他的判断是完全正确的。

真德秀、魏了翁和陈韡这三位南宋晚期的著名人物，还有在太学时期的许多同学，这些都是宋慈的"富矿"，可以说，宋慈有着非常丰厚的人脉资源。宋慈在仕途生涯上，虽然碰到过一个魏大有，但总的来说是没有"政敌"的，这在古代官场中倒也少见，可能与他的人脉有关，许多人会帮他化解矛盾。

宋慈既然又有政绩，又有人脉，为什么官职的升迁还是很慢呢？

> 宋慈的升迁问题，在一定程度上反映了宋政权冗官泛滥的状况。

宋慈的升迁问题，在一定程度上反映了宋政权冗官泛滥的状况。宋朝开国以后，为了防止官吏擅权，建立了一整套完善的体制，加强中央集权，这也使得官员的数量大大增加了。到了南宋，虽然国土面积大大缩小，但是庞大的官僚体制却沿袭了下来。这就使得南宋朝廷冗官泛滥、人浮于事，官吏的升迁要论资排辈。从这一点来说，宋慈官职的升迁速度，倒也不是很慢了。但是，这种体制对于有能力，特别是有人脉关系的人，也是开放的。不过，我们从宋慈的仕途路线图来看，除了真德秀和陈韡帮他洗清一次冤屈之外，他从来就没有动用过自己这么丰厚的人脉资源。

不跑官，不要官，勤于事，有政声——这样的官，即便是现在，都是值得赞颂的。

一个人有所为有所不为，取决于他的思想道德观念，也就是修养。

宋慈的修养是从哪儿来的呢？

宋慈的修养是从哪儿来的？

我们得从南宋大思想家朱熹说起。

朱熹晚年在宋慈的家乡建阳创立了考亭书院。他在考亭书院授徒讲学八年，著述甚丰，完成了理学思想的最后体系。明代学者薛瑄说："自考亭以还，斯道已大明，无烦著作，直须躬行耳。"意思是说，后人只需要按照朱熹讲的去做就行了。

当时的考亭书院影响很大，四方学子不远千里负笈前来求学问道。朱熹培养出不少高徒，这些理学弟子在不同程度和范围内宣扬了朱熹的思想，将他的影响不断扩大与深化。

朱熹死于庆元六年（1200年），这时候宋慈十五岁，他有没有得到朱熹亲炙我们不得而知。不过，他的老师是朱熹的学生吴稚，因此可以算是朱熹的再传弟子。此外，宋慈还曾经向朱熹的学生杨方、黄榦、李方子、蔡渊和蔡沉等人求教，得到过他们的指点。

> 不过，他的老师是朱熹的学生吴稚，因此可以算是朱熹的再传弟子。

我们把朱熹的这几位学生简单介绍一下。

吴稚的个人资料很少，我们只知道他是宋慈的同乡。据说他曾经写过一篇《感秋赋》，朱熹称赞他写得好，对"朋友之道"（为人处世）阐释得很深刻。

杨方是福建长汀人，后来宋慈到他的家乡做了知县。朱熹门下著名弟子有三个姓杨的，号称"三杨"，杨方就是其中之一。

黄榦是朱熹的二女婿，深得他的器重。朱熹强调"居敬穷理"，

宋慈洗冤

意思是保持谨慎敬重的态度，穷究万物的道理。这是理学的核心命题之一，在黄榦那里得到了很好的继承，朱熹很满意。朱熹死之前，把贴身衣物和自己的著作交给黄榦，有点传衣钵的意味。他对黄榦说："吾道之托在此，吾无憾矣。"对黄榦寄予厚望。而黄榦也不负所望，对理学的传承做出了很大贡献。

有意思的是，黄榦也断过案子。据《宋史》记载，黄榦在任安丰通判的时候，碰到一个疑难案件。他对犯人详加讯问，却一无所得。一天晚上，黄榦做梦，梦见井中有人。第二天，他把犯人提出来，对他说："你杀了人，然后弃尸井中，是吗？你可别骗我。"囚犯大惊伏罪。后来果然在井中发现尸体。黄榦可能是通过对案件的调查，有了一些灵感，然后用"谲"（欺诈）的方法，迫使犯人招供的。理学家总给人一种不苟言笑、庄重严肃的印象，而黄榦也能使诈，让人忍俊不禁。

李方子是一个敦厚的人。《宋史》里记载了他这样一句话："吾于问学虽未能周尽，然幸于大本有见处，此心常觉泰然，不为物欲所渍尔。"这个人修身养性的功夫很到家，宋慈的晚年很像他。

蔡渊和蔡沉是兄弟二人，他们的父亲叫蔡元定。蔡元定打小就很聪明，他八岁能诗，还能日记数千言。长大以后，他的学问已经很不错了，却还不满足。蔡元定听说了朱熹的大名，就去建阳拜师。朱熹考他学问，大惊说："此吾老友也，不当在弟子列。"他对蔡元定另眼相看，专门给他开小灶，经常讲到深夜。各地来考亭书院求学的，朱熹也让蔡元定对他们进行考核；朱熹写的书，也让蔡元定来校订，由此可见朱熹对蔡元定的看重。蔡渊和蔡沉也深受朱熹赏识。朱熹晚年曾想写一本《书传》，不过他没时间，就把这个任务交给了蔡沉，可以看出他对蔡沉学识的认可。

吴雉等人作为朱熹的学生，耳提面命之下，他们深得理学旨

> 李方子是一个敦厚的人。《宋史》里记载了他这样一句话："吾于问学虽未能周尽，然幸于大本有见处，此心常觉泰然，不为物欲所渍尔。"这个人修身养性的功夫很到家，宋慈的晚年很像他。

趣，是理学思想的嫡传。而宋慈又师事这些人，可以说，他是理学的正宗传人。耳濡目染都是理学思想，这无疑对少年宋慈世界观、人生观的形成产生了深刻的影响。

二十岁以后，宋慈进入当时的最高学府——太学继续深造。

宋代的太学生是从八品以下官员子弟和平民的优秀子弟中招收的。由于宋慈的父亲曾任广州节度推官，他也算是官宦子弟，加之常年跟随朱熹的弟子们研习学问，因此在入学资格和成绩上都是没有问题的。在这里，他遇到了赏识他的太学正真德秀。

真德秀是继朱熹之后的一代大师，对理学的发展做出了重要贡献。而宋慈在他的培养下，理学修为自不待言。

宋慈一路学习的老师或出自于朱熹门下或是像真德秀那样的大师。因此，宋慈的思想不可避免地打上了理学的烙印，这就奠定了他一生尊儒、重德、守礼、求实的基本人生观。

宋慈对金钱和地位没有奢求，也不图享受。所以他虽然有广泛的人脉，却不跑官要官。宋慈为官清廉，不收受礼物。他穿的也很简单，没有什么名牌衣物。但是宋慈对他人非常宽厚，只要发现别人有一点长处，就会夸赞提携他。

不过在工作上，宋慈会很较真。例如在断案过程中，他要求官吏"躬亲诣尸首地头"，进行实地勘察，以求得事实真相，反对验尸时"遥望而弗亲，掩鼻而不屑"；对案情的判断，要求"审之又审"，若发现疑点，"必反复深思"。

所以，宋慈把理学思想与修身、为政有机地结合了起来，成为一位理学的实践者。

理学是对传统儒学的一个重大发展，也是南宋末年以后官方的正统思想。后来，理学的负面效应表现了出来，它桎梏人们的思想，束缚人们的手脚，成为社会发展的阻碍。当代人对理学印

> 因此，宋慈的思想不可避免地打上了理学的烙印，这就奠定了他一生尊儒、重德、守礼、求实的基本人生观。

宋慈洗冤

> 对他来说，他一生都在践行理学，法医学方面不过是他践行理学的一个成果而已。所以，如果我们送宋慈一顶"理学家"的帽子，他反倒会笑纳的。

象很差，也源于此。不过，理学在统领中国社会六百年的历程中，在促进人们的理论思维、教育人们知书识理、陶冶人们的情操以及维护社会稳定、推动历史进步等方面，也是发挥了积极作用的。此外，理学还造就了一大批社会精英，而宋慈正是其中的一个代表人物。

我们现在称宋慈为"法医学鼻祖"，这个尊号，宋慈自己可能未必乐于接受。对他来说，他一生都在践行理学，法医学方面不过是他践行理学的一个成果而已。所以，如果我们送宋慈一顶"理学家"的帽子，他反倒会笑纳的。

端平二年（1235年），宋慈五十岁的时候，他和另一位理学大师魏了翁有了交往。

魏了翁是和真德秀齐名的理学大家，不过他有点另类，因为他一面提倡理学一面却反对朱熹。在魏了翁、真德秀的时代，朱熹的书满天飞，士人们争相购买。四川地区的版本，还是魏了翁从朱熹门人那里得到并刊印的。人们读朱熹的书，把他的话奉为圭臬（标准），这让魏了翁很不满意。他认为，朱熹虽然很伟大，但他也只不过是一家之言，所以人们要想学好儒学，还是应该去读儒家的经典，然后再参照朱熹的话来理解。理学的精髓，在魏了翁看来就是思想解放，它本于古代的经典，但又敢于创新，这才使儒学有了新发展。

魏了翁的这个思想对宋慈影响很大。四年之后，他开始担任提刑官。当时社会上有一些法医学方面的书籍，宋慈研读以后，发现对他的断案很有帮助。不过，这些书要么在著述体例方面与实际脱节，不适合指导法医实践；要么在内容方面有所欠缺，让官吏们无所依从；要么在细节方面存在疏漏，使法医检验出现失误。能不能有一本更好的指导用书呢？看来没有，宋慈只好自己去写。

他摘录了相关书籍的内容，融入自己的实践经验，根据法医工作的实际情况写了一本《洗冤集录》。这本书本于古书，又敢于创新，从而开创了法医学这门崭新的学科。

为什么说宋慈是个循吏？

陆心源在写《宋史翼》的时候，把宋慈列入《循吏传》。

这是一种什么"传"呢？

循吏入传是司马迁所创。他在写《史记》的时候，专门写了一篇《循吏传》，记载了孙叔敖等五个他认为的循吏的事迹。司马迁开创的这一体例，被后世的史学家们所承袭，成为一种固定的模式。后来一直到《清史稿》，都有一篇专门的《循吏传》。据统计，在中国两千多年的封建社会中，史学家们在二十五史中一共记载了 552 位循吏。

究竟什么样的官才能称之为循吏呢？

司马迁在《史记》里面说：法令是用来引导民众向善的，而"刑罚所以禁奸也"。即便是法令和刑罚不完备的时候，善良的百姓依然会心存戒惧地自我约束，这是居官者行为端正、以身作则的缘故。因此，只要官吏奉公守法，按原则行事，就可以治理好天下。所以可以说，司马迁认为的循吏，关键就是奉公守法。当时汉武帝任用酷吏、任其肆虐为害，司马迁特意写《循吏传》，这就有点讥讽时弊的味道了。

后来班固撰写《汉书》，也用这个体例写了几位循吏。不过和司马迁不同，他更注重这些官吏的"治绩"。例如，他在书中记载了这样两个人——黄霸和龚遂。

年轻的黄霸曾经和一个看相人同车出游，遇到一位少女。看

> 司马迁认为的循吏，关键就是奉公守法。

第二讲　循吏楷模

相人看了一下少女，对黄霸说："这女子有富贵命。"黄霸听了，赶忙去少女家求亲，娶她做妻子。可能这女子真有"旺夫命"，后来黄霸做到了颍川太守。

汉宣帝颁行了很多惠民措施，但是很多地方官吏阳奉阴违，并不认真推行。然而黄霸却专门选拔了优秀的下属，让他们到各处去公告皇帝的诏令，还制定了一些奖惩细则，劝说百姓严防奸盗、安心生产、节约资财、种树养畜等等。这些措施使颍川的社会风气大为改观，"奸盗"只好跑到其他郡去了。

黄霸还让小吏们都养上鸡和猪，来赡养鳏寡贫穷的人。这些人死了，下面的人报上来，黄霸就会告诉他：某处有棵大树可以做棺材，某个官吏养的猪可以做祭祀之用。人们去取用的时候，发现和黄霸讲的分毫不差。黄霸了解情况细致到这样的程度，所以"咸称神明"。

有一次，黄霸派一个小吏去调查一件事，告诉他要保密。小吏依言出发，途中易服微行，也不敢住在驿亭，饿了便躲在路边悄悄地吃些食物。他正吃的时候，忽然有一只乌鸦扑下来抢走了他手里拿的肉，小吏没得吃了，连叫晦气。小吏回到官衙，黄霸迎上前慰劳他，说："太辛苦了！在路上吃饭还被乌鸦抢走了肉。"小吏大惊，以为黄霸对他外出的所作所为都了如指掌，也不敢隐瞒，就把自己所调查的情况一五一十做了汇报。黄霸是怎么知道的呢？原来有个人到郡府来办事，黄霸向他详细了解民情。那人回想起自己在路上看到的这件趣事，就告诉了黄霸。黄霸一推断，断定就是那个小吏。

颍川经过黄霸的治理，社会稳定、经济繁荣、人口增加，"治为天下第一"。宣帝很高兴，在诏书里大大夸赞了他一番："颍川太守霸，宣布诏令，百姓向化，孝子弟弟贞妇顺孙日以众多，田者让畔，道不拾遗，养视鳏寡，赡助贫穷，狱或八年亡重罪囚，吏民向于教化，兴于行谊，可谓贤人君子矣。"这一段赞美之词描述了一个太平盛世的景象。

龚遂起初是昌邑王刘贺的郎中令，他为人忠厚，刚强果断，在大节上从不含糊。刘贺身为皇族，却缺乏教养，行为怪诞。龚遂常常当面指出刘贺的不是，让他下不来台。刘贺也不敢拿龚遂怎么样，实在听不下去了，就掩着耳朵起身走掉，说："郎中令真会让人羞愧。"

汉昭帝去世以后，因为没有儿子，辅政大臣霍光就从皇族中挑选刘贺即位。临走的时候，龚遂对刘贺的随从们说："大王现在一天天骄横起来了，行止失度，你们一定要直言规劝。"但是这些随从哪能做到龚遂那样犯颜直谏呢？这个刘贺只做了二十七天皇帝，就因为"淫乱"被废，霍光另立刘询为帝，这就是汉宣帝。原来辅佐刘贺的官吏们，因为纵容刘贺不道，被处死两百多人。龚遂因为多次劝谏刘贺，尽到了一定的职责，所以免去死罪，处以髡刑，罚做筑城苦役。

过了几年，渤海郡（今河北沧县东）及附近地区发生灾荒，农民起义并起，朝廷多次派兵镇压而不能平息。有人向皇帝推荐了龚遂，宣帝召见了他。龚遂这时已经七十多岁了，他身材短小，相貌平庸，宣帝一见，顿生轻蔑之意。但龚遂陈述有力，诸多计策正中皇帝心思，宣帝非常高兴，欣然采纳他"唯缓之，然后可治"以及安抚教化的主张，并起用他为渤海太守。

龚遂来到渤海郡界，郡中听说新太守到了，就派出军队前往迎接，以保护他的安全。龚遂却叫军士统统回去，随即发出第一道命令：要求所属各县把所有追捕盗贼的官吏一律撤回。并且说，凡是拿锄头、镰刀等农具的全部算是良民，官府不得再追究；只

第二讲 循吏楷模

> 龚遂起初是昌邑王刘贺的郎中令，他为人忠厚，刚强果断，在大节上从不含糊。

宋慈洗冤

有那些拿兵器的才算盗贼。布告发出后，官民对峙局面迅速缓和。随后，他单车独自赴任，路上竟也非常安全。

龚遂的胆识和宽容赢得了信任，郡中上下一致拥护他。成群结队闹事的饥民纷纷解散，起义军中的许多人扔掉兵器，改拿镰锄，渤海郡的社会治安彻底扭转。然后龚遂开仓廪，济贫民，选良吏，施教化，劝农桑，施行了一系列稳定社会和发展农业的措施。

有些措施很有意思。例如，龚遂让老百姓每人种一株榆树、一百棵薤、五十棵葱、一畦韭菜，每家养两只母猪、五只鸡。他巡视途中，如果发现百姓有带刀佩剑的，就要他们卖剑买牛、卖刀买犊，说："为什么把刀和剑佩在身上？"春夏两季，龚遂命官府劝百姓到田野耕作，到了秋冬就督促他们收割，还让家家户户多储果实、菱角、芡实之类。

这些措施简单易行、具体有效，所以几年之后，渤海郡就出现了一派升平殷富的景象。老百姓有吃有穿，诉讼案件也大为减少。

由于黄霸和龚遂两人的"治绩"，后人就把他们作为循吏的代表，称为"龚黄"。

班固在《汉书》中写的循吏，个性鲜明，事迹感人，给后代史学家们留下了一个范本，后来各朝各代的断代史中记载循吏，大体都是这样一个模式。

那么，究竟什么样的官才算是循吏呢？

我们来看《汉书》里记载的汉宣帝的一句话："庶民所以安其田里而亡叹息愁恨之心者，政平讼理也。与我共此者，其唯良二千石乎！"这话的大意是说，老百姓之所以能够安心农业生产、消除忧虑怨恨之心，是因为政治清平而法律能够主持正义，而能够做到这样的人，只有那些好的郡守。这就概括了循吏的特点：

> "庶民所以安其田里而亡叹息愁恨之心者，政平讼理也。与我共此者，其唯良二千石乎！"

第二讲 循吏楷模

他们是地方官吏,能够重农富民、宣教施政、恤民理讼,并且颇有政绩。这样的官,说白了就是好官。他们是中国传统的政治实践与司法实践的楷模,属于帝制中国官僚群体中的正面典范。

做成循吏这样的好官,他受百姓爱戴的程度也是让人羡慕和感动的。班固在《汉书》中提到一位循吏,他叫兒宽,是汉武帝时期的名臣。兒宽在任左内史时,征收税赋时要看百姓的经济情形来决定征缴时间,这样的话,不免有许多税赋常常被拖欠。一次,武帝调动军队,急需钱粮。但是从各地税赋的收缴情况看,兒宽的最少。按规定,兒宽要受到免职的处罚。当地百姓听到这个消息,唯恐失去这位好官,于是他们大家族用牛车拉,小家庭用担挑,争先恐后来交粮食,交税的队伍排起了长龙。最后一算,收缴上来的钱粮反是兒宽最多。当官当到这个份儿上,真可称绝。

那么,循吏是怎么炼成的呢?

原因很多。最主要的原因,是他们和宋慈一样,把修养自身和出仕为官有机地结合起来,这才能成就一代循吏。《论语》里面有这样两句话:

樊迟问仁。子曰:"爱人。"

子曰:"仁远乎哉?我欲仁,斯仁至矣!"

其实,只要有一颗真诚的爱民之心,什么样的美政不能实现呢?又有什么样的官不能成为循吏呢?

我们从宋慈的修养、政绩来看,他完全符合循吏的标准,所以陆心源才会把他列入《循吏传》。不仅如此,宋慈还在"恤民理讼"方面有了重大突破。他撰写的《洗冤集录》构建了后代的法

> 其实,只要有一颗真诚的爱民之心,什么样的美政不能实现呢?又有什么样的官不能成为循吏呢?

医检验体系，影响后世六百余年。所以，宋慈不仅是位循吏，而且是其中的佼佼者，是"循吏楷模"。

这一讲，我们说了宋慈是怎么"苦熬十年"的。他虽然有很好的政绩、广泛的人脉，但是他不跑官、不要官，所以在宋代的体制下，官职升迁缓慢。因为宋慈的修养和政绩，他被列入《循吏传》。他不仅是位循吏，而且是循吏中的佼佼者，是"循吏楷模"。那么，这位"楷模"是怎么成为我们现在所熟知的"大宋提刑官"的呢？

请看下一讲《四任提刑》。

第三讲 四任提刑

提刑是怎样的一个官职？
宋朝为什么设置提刑一职呢？
县官为什么不准武松的状子
到底是谁来检验尸体呢？
古人是怎么验尸的？
宋慈是怎样一位"青天"？

> 循吏，说白了就是好官，他们是古代的政治实践与司法实践的楷模，是帝制时代我国官僚群体中的正面形象。而宋慈不仅是位循吏，而且是循吏中的佼佼者，是楷模中的"楷模"。

上一讲，我们说的是古人对宋慈的看法：他是一位循吏。

循吏，说白了就是好官，他们是古代的政治实践与司法实践的楷模，是帝制时代我国官僚群体中的正面形象。而宋慈不仅是位循吏，而且是循吏中的佼佼者，是楷模中的"楷模"。

认为宋慈是循吏，那是古人的看法。我们现在称宋慈为"大宋提刑官"，这个名称又是怎么来的呢？

提刑是怎样的一个官职？

嘉熙三年（1239年），年过半百的宋慈迎来了仕途的转机。这一年，他被擢升为广东提点刑狱公事，后来又辗转江西、广西、湖南任提点刑狱公事。宋慈在《洗冤集录》里面说自己"四叨臬寄"就是这个意思。

这个"提点刑狱公事"是干什么的呢？

有宋一代，在地方上有"路"一级行政单位。路相当于现在的省，其辖区有州、县两级。一路少说也要管几个州，多的有管十几个的，而每个州下又各管辖几个县。各路都有一个很特殊的机构，叫作"提点刑狱司"。这是宋代特有的机构，从宋太宗年间开始设置，俗称"宪司"。这个机构的一把手就叫作"提点刑狱公事"，简称"提点刑狱"或"提刑"。

提刑的职权很大，据《宋史·职官志》记载，提刑官的主要职责是复核所属下级州县案件的审断、巡视监狱、稽查州县积压的案件，以及检举地方各级官吏"禁系淹延而不决，盗窃逋窜而不获"等违法失职行为。后来，还要兼管保甲、军器、河渠等事务。不过，提刑官主要还是负责当地（本路）司法和刑狱的，因此，提刑司成为地方诉讼案件的最高审理机构，而宋慈这个"提刑官"就相当于现在的高级人民法院院长。

需要说明的是，古代并没有专任的法官和检察官，所以"提刑"这个官职还会有其他一些职责，甚至还可能带兵打仗。南宋有一位著名的诗人叫戴复古，他曾经写过这样一首诗：

> 千兵喝赏黄金尽，六月临戎白刃寒。
> 慷慨丈夫为事别，太平人物济时难。
> 谁言江左无王谢，今喜军中有范韩。
> 汉节梅花留不住，借君一剑斩楼兰。

这首诗写得慷慨激昂，颂扬的是一位叫作彭仲节的提刑带兵平叛的事迹，诗名就叫作《提刑彭仲节平叛卒》。

我们知道的很多南宋名人都做过这样的官职，比如辛弃疾做过福建提刑官；朱熹做过江西提刑官；魏了翁在四川做过提刑官；陈韡则曾在淮东提点刑狱。不过，在宋代，因提刑官而闻名于世的，则莫过于宋慈这位"大宋提刑官"了。

第三讲 四任提刑

> 不过，在宋代，因提刑官而闻名于世的，则莫过于宋慈这位"大宋提刑官"了。

宋慈洗冤

> 担任"提点刑狱公事",标志着宋慈职业生涯的一个重大转折,他开始走上专业的刑事勘验之路,进而开创了古代司法鉴定的历史。

担任"提点刑狱公事",标志着宋慈职业生涯的一个重大转折,他开始走上专业的刑事勘验之路,进而开创了古代司法鉴定的历史。在此之前,宋慈做官也或多或少地接触过断案,积累了一些办案经验。担任提刑官之后,他更是听讼清明,雪冤除暴。

当时南宋朝廷委派的地方官吏,往往是一些经验欠缺的人,这就造成他们在审理案件的时候,会感到无处入手,加上"仵作之欺伪,吏胥之奸巧,虚幻变化,茫不可诘",造成冤案累累。怎么办呢?宋慈就"博采近世所传诸书",写了一本办案大全,这就是《洗冤集录》。"示我同寅,使得参验互考",以提高办案的准确率。

这本书宋慈写了三年,于淳祐七年(1247年)刊印。他没有想到的是,这本办案大全写得太好了,广受欢迎;不仅如此,宋理宗还下令刊行,推广到全国。宋慈也迎来了事业的辉煌时期,在当了十年的提刑官之后,升任广东经略安抚使(掌管一路之军事行政)。

那么,宋朝为什么会设立"提点刑狱司"这样一个机构呢?

宋朝为什么设置提刑一职呢?

宋朝设置"提刑"一职,加强了皇帝对地方司法权的控制,这是显而易见的。不过,这一官职的设置也和宋朝社会的法律思想有关。宋朝是中华法系的定型时期,它基本形成了以儒家学说中"仁"为核心的法律体系,在司法实践中则体现出"恤刑"、"慎狱"的特点。

史载宋太祖曾经对大臣们说:"五代诸侯跋扈,有枉法杀人者,朝廷置而不问。人命至重,姑息藩镇,当若是耶!自今诸州决大辟,录案闻奏,付刑部覆视之。"从他开始,朝廷就加强了对司法的控制，以达到"慎刑"的目的。而他的弟弟太宗，就连民间细事也亲自听断。淳化四年（993年）十月，汴梁有个老百姓叫牟晖的击鼓鸣冤，说是自己的一个家奴不小心丢了一只猪崽，请求官府帮他找回来。这件小事得到了太宗的重视。猪崽找不回来，怎么办？太宗下诏，赐牟晖千钱，补偿他的损失。后来他对大臣说："似此细事悉诉于朕，亦为听决，大可笑也。然推此心以临天下，可以无冤民矣。"这则趣事说明，宋朝的统治者认识到，如果百姓无处申冤，就会影响社会的稳定，长此以往，就会动摇国本。

> 这则趣事说明，宋朝的统治者认识到，如果百姓无处申冤，就会影响社会的稳定，长此以往，就会动摇国本。

统治者以身作则，大臣们也是这样。

我们举个例子。《折狱龟鉴》在卷末记载了这样一件事。北宋仁宗年间，有一个叫王延禧的大臣，在做沅江县令的时候，遇上荒年，盗贼四起。他亲自抓捕了十几个偷盗的人，从赃物的数量来看，他们都会被判处死刑，王延禧也可以因此升职。但是王延禧叹息说："这些原本都是安分守己的百姓，是因为走投无路才沦为盗贼。我作为县令，没有办法让他们安居乐业，却在他们的死刑上获利，我怎么能忍心做这种事情呢？"于是他告诉那些盗贼，让他们少报赃物的数量，这些人因此免于死刑。

《折狱龟鉴》是中国古代一部著名的法律案例汇编，作者郑克在编著的时候，把这个案例放在全书的最后，他说：

> 恻隐之心，人皆有之，为物所迁，斯失之矣。故有利人之死为己之功者，或文致于大辟，或诬入于极典，宁复能存不忍之心，以贷应死之命乎？故著此事矜谨篇末，庶几览者有所警焉。

这段话在感叹，本来恻隐之心人皆有之，但是现在有人凭借多杀

宋慈洗冤

> 我们从这些例子可以看出，"刑狱为生民之命"是当时的一种社会共识。

人来为个人建功立业，或者利用法律条文给人定杀头的罪，或者诬陷别人以致处以极刑，哪里还有存不忍之心、设法宽宥那些死刑犯的人呢？所以作者把王延禧的案例放在最后，希望对读者能够有所警示。

我们从这些例子可以看出，"刑狱为生民之命"是当时的一种社会共识。而设置对案件督查的机构"提刑司"，监督地方案件审理，就是为了显示统治者的"恤狱"精神。

那么，提刑官究竟是如何履行职责的呢？

县官为什么不准武松的状子？

为了说明这个问题，我们有必要把古代的诉讼程序、要点简单说明一下。

我们以《水浒传》武松状告"亲兄武大被西门庆与嫂通奸，下毒药谋杀性命"一案来说明。

武松在景阳冈打死了吊睛白额的大虫，为地方上除了害，被知县看重，做了阳谷县的都头。后来，武松为知县干了趟私活，把这个知县在任上赚的不清不楚的钱财，押送到其汴京的家中。

而就在武松出差的当儿，家中却出了事。本县的财主西门庆，看上了武松的嫂子潘金莲，在王婆的帮助下，两人勾搭成奸。这件事被郓哥告诉了武大，武大前去捉奸，被西门庆一脚踢伤。为了"长做夫妻"，在狠毒的王婆的撺掇之下，西门庆买来砒霜，由潘金莲下在武大喝的伤药里，毒杀了武大。然后西门庆找到地保何九叔，给了他一锭十两的银子，由他在场见证，把武大的遗体火化了。不过何九叔也留了个心眼儿，偷偷藏下了武大的两块骨头。武大的骨殖酥黑，是中毒身死的证明。

武松出差回来，只见到哥哥的灵位。问嫂子缘由，潘金莲说武大是"害急心疼"，也就是心脏病死的。尸体呢？潘金莲说已经火化了。武松明白，事有蹊跷，他就找到了何九叔。何九叔为了撇清关系，就把武大的遗骨、西门庆给的十两银子和记着送丧情况的一张纸给了武松。武松又找到了郓哥，了解了武大"捉奸反被打伤"的前后情况。然后，他带着何九叔和郓哥这两位证人，来到县衙，请求知县为他做主。

《水浒传》里并没有说武松是怎么起诉的。按照规定，他应该击鼓鸣冤。

我们常常在影视片中看到古人在衙门口击鼓鸣冤的场面，他们所击的大鼓就是登闻鼓。相传在尧舜的时候就有"敢谏之鼓"，想进谏或者有冤屈的人都可以去挝鼓。周代的时候，周王悬鼓于路门之外，称为路鼓，由太仆主管，御仆守护。碰到老百姓击鼓声冤，御仆就马上报告太仆，太仆再呈报周王。这路鼓就逐渐演化成后来的登闻鼓。到宋代的时候，普通百姓都可以击鼓鸣冤，或者向朝廷提建议等等。但是到了宋代以后，击登闻鼓的条件日趋苛刻。清政府规定，击登闻鼓者，先廷杖三十，以防止刁民恶意上访；还规定"必关军国大务、大贪大恶、奇冤异惨"的事才可以击鼓，违者重罪。普通百姓哪有如此"大"、"冤"之事呢，何况还要先挨板子？所以登闻鼓在清代是名存实亡的。

武松击登闻鼓后，县令升堂问案。

知县是一个很有心计的人，他收了武松的状子，暗地里却给西门庆放风，西门庆自然有大把的银子孝敬。得了实惠，知县就开始拿糖了。次日早晨，武松在厅上告禀，催促知县拿人。谁想县令拿出武松提供的证物，对他说："武松，你休听外人挑拨你和西门庆做对头。这件事不明白，难以对理。不可一时造次。"拒绝

宋慈洗冤

> "尸、伤、病、物、踪"是古代官府处理人命案件的"五大要件",也就是五个方面的证据。

索拿西门庆。一旁的狱吏还振振有词,帮衬着说:"都头,但凡人命之事,须要尸、伤、病、物、踪五件事全,方可推问得。"

这话是什么意思呢?

"尸、伤、病、物、踪"是古代官府处理人命案件的"五大要件",也就是五个方面的证据。不过,这只是一项断案原则,并没有写进宋代的法典《宋刑统》里面。在这五大要件中,"尸"指的是尸体,"伤"指的是致命伤痕,"病"指的是致死疾病,"物"指的是凶器,"踪"指的是犯罪情节。很显然,"尸"是"五大要件"中的核心证据,没有"尸",其他的要件要么根本不成立,要么就是证明力不过硬。西门庆火化了武大的尸体,其实就是要毁灭这个核心证据。所以从这点来讲,县令拿糖,倒是也有点"法律依据"。

依据"尸、伤、病、物、踪"这五大要件审理案情,叫作"众证定罪",这是司法断案的一个进步。宋代以前,官府一直把口供作为定罪量刑的主要依据。到了宋代,司法审判中广泛使用了物证,这就提高了断案的准确性。在宋代,即使犯罪嫌疑人已经招认,也必须查取证物来验证口供,否则官吏就要承担法律责任。比如,对盗窃案的审判,即便是盗窃犯已经有了口供,但官吏如果不能查出窝藏的赃物和窝赃地点,就要受到徒二年的处罚,追查不尽者,也要徒一年。

《洗冤集录》记载了这样一个案子。

在广西某地,一个凶犯抢劫并杀害了一个少年。等到抓获凶犯时,离他行凶的日子已经很久了。凶犯供称:"抢劫时将少年推进水中。"县尉领人在河的下游打捞到一具皮肉腐烂、仅剩骨架的尸骸,已经无法辨认。本来县令可以就此断案了,但是他怀疑这可能是另外一具尸体,不敢贸然结案。后来,他翻阅案卷,看到被害人哥哥的证词，说弟弟是龟胸。龟胸，俗称鸡胸，是因佝偻病等形成的畸形胸骨，这是很明显的特征。于是县令就叫人去复检，果然是龟胸，这才敢判决。

我们由此可见宋代对物证的重视。不过，物证灭失了怎么办呢？难道就任由凶犯逍遥法外？当然不是这样。西门庆虽然火化了武大的尸体，但是如果能找到其他的物证和人证，形成完整的证据链，能够证明犯罪事实，这也可以定西门庆的罪。

但是县令拒绝审理这个案件，武松该怎么办呢？

古人有个很有趣的方式，叫"拦轿喊冤"。

在戏曲和古典小说中，我们常常可以看到这样一段情节：老百姓含冤负屈，这时正好一位清官经过，于是这位百姓冲到轿前，把状纸高高举起："青天大老爷在上，为小民做主！"这位"青天大老爷"接过状纸，顿时怒火填膺，马上升堂理案，最终冤情得以昭雪，民愤得以平复。武松也可以采用这样的方式。

不过，古代官吏大都是坐轿子的，不易辨认，在很多情况下，拦轿喊冤都会找错人。清朝的时候，有个妇人拦轿喊冤。官吏问她有什么冤情，那妇人说是要状告老公养情人。但是那官吏是个盐官，管不了这事，不过他很风趣，对那妇人说："我是朝廷卖盐官，不管人间吃醋事。"言毕扬长而去。

在古代，拦轿喊冤类似于越级上诉，朝廷并不支持，因为这样冲撞了仪仗，藐视了皇权。所以，官府对拦轿喊冤的人往往会苛以刑责，加以处罚。但是，对于下级不予审理及断决不平的案件，则允许越级上诉。在《宋刑统》里面，有这方面的明确规定。武松的这个案件，是可以越级上诉的。此外，提刑官也会经常到地方巡查，如果此时正好到了阳谷县，武松也可以找他申诉。

但是，提刑官没有来，武松也没有去越级上诉，因为这样太

宋慈洗冤

麻烦。武松是一个血性的汉子，决定自己找门路，他要找到当事人，要他们的口供，自己来证明西门庆们的罪行。

武松是怎么做的呢？

武松回到哥哥家中，摆下酒席，要"相谢众邻"。等到四家邻舍、王婆和嫂嫂六人都坐下，武松便叫士兵把前后门关了。把脸一拉，掣出刀来，逼问口供。打虎英雄翻了脸，谁不怕？潘金莲惊得魂魄都没了，只得从实招说，王婆也只得招认了。武松让一个会写字的邻居录下两人的口供，让两人都点指画了字，还叫四家邻舍书了名，也画了字。这样，证据链已经形成，犯罪事实也很清楚了，即便没有西门庆的口供，这个案子也落实了。

接下来武松该怎么办呢？

知县大人先是收了状子，然后又百般推脱。为什么呢？傻子都知道，一定是西门庆使了钱了。即便把西门庆问罪收监，他再使钱上下打点，这场官司最后还是会不了了之，哥哥的血海冤仇仍不会洗雪。武松是个"义气烈汉"，他决心自己来解决这个问题。于是，他先是杀了潘金莲，又当街杀了西门庆，然后押着王婆，提了两颗人头，前去投案自首。

到底是谁来检验尸体呢？

武松连伤两命，这是重案，官府自然要到现场检验尸体。

至此，我们又有一个疑问：在古代，到底是谁来进行尸检呢？会是宋慈这些官员吗？如果这么说，那么对宋慈来说，不是尊敬，而是一种侮辱。因为在任何一种古代文明中，接触尸体几乎都是一件犯忌讳的事情，在中国古代更是如此，人们甚至认为翻弄死者尸体有伤阴德。因此官府派出去检验尸体的官员，实际上只是主持尸检，而他们是绝对不会亲自动手翻弄尸体的，还会远离尸体几丈开外。只有到了实际检验人员发现致命伤的时候，官员们才会上前看上一眼，确认一下，然后进行分析判断。

在古代，真正翻弄尸体的人，被称为"仵作"。"仵"字，有"逆"的、违背社会常俗的含义。用这样一个字来标明一种工作，其社会含义不言自明。所以仵作在古代属于社会最下层，是"小人"；翻检尸体的工作，也属于"贱役"。

我们现在所理解的"仵作"这个行当，在历史上有一个演变过程。

在战国的时候，官府有一些从事勤杂工作的奴隶，叫作"隶臣妾"。这是一个合称，其中男奴称为"牢隶臣"，女奴则称为"牢隶妾"。他们跟随官吏到现场，负责翻动和检视尸体，官府还会在检验笔录上记录下他们的姓名。

1975年，湖北云梦睡虎地秦墓出土了一批竹简，其中有秦国的《封诊式》，里面记载了这样一件事。一次，地方上报告说有人被杀死了，官员就带着牢隶臣某某前去检验。这个奴隶翻检尸体后发现，死者身上有三处伤，一处在额头，两处在背部。这三处伤口都是中间陷下，类似斧砍的痕迹，因此造成严重损伤，血流满地，头上的创口处连脑髓都流了出来。通过检验尸体，牢隶臣还发现死者有两处旧伤疤，应该是死者以前生病时用艾草烧灼进行灸疗所致。官员把尸检的情况都写进了"爰书"（司法笔录），这成为世界上现存最早的一例尸检报告，而进行尸检的人就是这个叫"某某"的奴隶。

隶臣妾的最初来源，是连坐受罚被"收"入官府的罪犯家属、战场上主动投降的战俘，以及隶臣妾的后代，等等。到了西汉，文帝进行改革，废除了将罪犯家属"收孥"的法律，设定了劳役

第三讲　四任提刑

> 仵作在古代属于社会最下层，是"小人"；翻检尸体的工作，也属于"贱役"。

刑的服刑期。这样，隶臣妾就成为刑罚的一种，罪犯们为官府服劳役，有时也负责尸检，时间一般在一两年左右。到了东汉，"隶臣妾"这种刑罚就逐步被取消了。

《折狱龟鉴》记载了一个五代时的案例。

有人外出经商，回到家中却发现妻子被人杀死，连头也被割走了。他既悲伤又害怕，赶忙告知了妻子的族人。族人们却认为人是这个商人杀的，就把他扭送官府。官府严刑讯问，商人受不了拷打，只得承认是自己杀了妻子，以求尽快结案。但是，一位官员却对此表示怀疑，他请求太守让他重新审理，太守答应了。这个官员把仵作们找来，追问他们最近为人埋葬尸棺的地方，并且问："颇有举事可疑者乎？"意思是说，在举办丧事的时候，有没有非常可疑的事情？一个仵作答道："有一个富人举办丧事，说是死了一个奶妈。不过棺材非常轻，好像里面没装尸体。"官员就叫人随着仵作到墓地，把棺材挖了出来，打开一看，却是一个女子的头颅。官员让商人辨认，商人说头颅不是他妻子的。官员于是把富人抓来讯问，这才了解实情。原来那富人与商人的妻子通奸，为了做长久夫妻，富人杀死了奶妈，把她的头割了下来，把她的身体假作商人妻子的身体放到商人家中。这个移花接木的诡计，如果不是仵作提出了疑点，差点成功。

据考证，这可能是对"仵作"一词的最早记载。不过这时候的仵作，和我们现在的理解可不一样，他们是从事丧葬行业的，称为"仵作行"，专门负责给死者洗身、换衣、入殓，一直到埋葬。

在古代，官府对手工业者按"行"进行管理。每行指定一户作为"行首"，行首对官府负责，处理行内大小事务，不仅要协助政府征税，还要定期安排行内人去官府服劳役。那些被派去服役的，称为"行人"。仵作行的人如果服劳役，他们就会换一个"马甲",称为"仵作行人",主要工作就是替官府义务翻检尸体。

在宋慈所处的宋朝,检验尸体用的就是这样一些"非专业人士"。不过,这些行人好歹还是属于殡葬行业的,处理尸体还有些经验,工作比较容易上手。元朝的仵作行人出现了专业化的趋势,开始有行人专门为官府检验尸体,仵作逐渐成为一种专门的工作。这种工作当然是出力不讨好,不过可以领到一份工钱,还可以顺便勒索一下当事人,所以还是有人愿意去做的。

直到明清两代,仵作才彻底脱离了临时征招的状态,成为官府的固定属员。清朝的仵作是有固定编制的,一般是大县三人、中县二人、小县一人。此外,官府还会招募一二人,跟随学习,随时替补。这些人都可以拿到固定的工资,叫作"工食银"。官府还为仵作配置了两名皂隶,负责搬动尸体、清洗尸垢。可以说,清朝的仵作有点类似于今天的法医了。

官府还对仵作进行培训和考试,用的"统编教材"就是《洗冤集录》。官府给每名仵作配发一本《洗冤集录》,还在衙门里专门找书吏给他们详细讲解,讲的人、听的人都要造册备案。每年官府都对仵作进行抽考,让他们讲解一段《洗冤集录》。如果讲得好,当堂给予奖励;讲得不好,就要责罚;实在讲不出的,革去工食,予以辞退。不仅如此,长官还要记过,讲解的书吏也会受到处罚。不过,仵作们大都是文盲,让他们讲"好"《洗冤集录》恐怕很难。所以朝廷的政策只能是形式上的,各地在具体执行的时候,免不了大打折扣。

实际上,当时仵作所操持的还是一份"贱役",他自己也还是一个"贱民"。贱民在古代的社会地位很低,清政府就明文规定:贱民本人及其三代子孙,不准参加科举考试,也不准出钱捐官,甚至不准和良民通婚。因为仵作是从服劳役发展而来,所以他们

> 官府还对仵作进行培训和考试,用的"统编教材"就是《洗冤集录》。

宋慈洗冤

从官府领到的工食银,实际上只是伙食补贴,仅够糊口而已。为了生活,仵作免不了会干些违法的事情。

我们以《红楼梦》中的一个案子为例。

《红楼梦》里的薛蟠,是个有名的呆霸王。他带着蒋玉菡去酒店喝酒,不想酒保张三老是拿眼睛瞟蒋玉菡,这让薛蟠很不爽。第二天,他去酒店找茬,和张三争吵了起来。薛蟠拿起酒碗照张三打去,谁想这张三也是个泼皮,还把头伸过来叫薛蟠打。呆霸王一时性起,就把碗砸向张三的脑袋,张三的头一下子就冒血了,躺在地上很快断了气。在这起命案中,双方都在斗气,因此也可以说是误伤,但薛蟠被官府逮住后,居然招供说是"斗杀",这一来案情就严重了。

后来,薛姨妈求贾政托人向当地知县说情,还花了几千银子买通官府上下和一干证人。结果在知县升堂断案的时候,发生了戏剧性的一幕:所有证人都改了口,要么说没看见,要么说是"酒碗失手,碰在脑袋上的",就连薛蟠自己也改口说是"误碰"。而收了银子的仵作则说了这样一段话:"前日验得张三尸身无伤,惟囟门有磁器伤,长一寸七分,深五分,皮开,囟门骨脆,裂破三分。实系磕碰伤。"

其实,仵作平时在《洗冤集录》上学的,应该是这样一句话:

> 诸以身去就物谓之"磕",虽着无破处,其痕方圆,虽破亦不至深。

这句话的意思是说:身体碰撞到物体的叫作"磕"。一般磕碰伤不致皮肤破裂,就是裂伤也不会太深,而张三囟门的伤口"长一寸七分,深五分,皮开",连囟门骨也"裂破三分",怎么可能还是磕碰伤呢？

但是，仵作验尸的证据"确凿"，又有人证，案子被定为误伤。薛家花了点烧埋银子，终于了事。

古人是怎么验尸的？

我们回到阳谷县县衙。

武松杀人，轰动全县。知县大人也是骇然，他不得不全力来审理这个案子。他问讯了王婆和证人们的口供，然后派了一名官吏，让他带着仵作，前去验尸。

这里面有一个细节：古人是怎么验尸的呢？

古人验尸是有一套完整程序的。早在战国时期，一切非正常死亡的、无名尸体或者是发生纠纷而造成人身伤害的，都要进行官方的检验，而且还要写下爰书，记录存档，作为定罪量刑的依据。前面提到的《封诊式》，上面就有法医检验的明确规定。《封诊式》这个怪怪的名字中的几个字要分开来理解，"封"是查封的意思，"诊"是勘查、检验的意思，"式"是指执行政务的标准程序，"封诊式"合起来就是检验程序的意思。秦国的这些制度后来被汉代沿用，以后历朝承续，一直到了宋代，形成一套完备的程序。

按照宋代的司法程序，验尸要经过初检和复检两个环节。也就是说，阳谷县令在派员验尸进行初检的同时，要发公文到最邻近的县，请他们派员复检。我们先说初检。

阳谷县令派谁去验尸呢？

被派去主持验尸的人，称为"监当官"（负责该项事务的意思）。按照规定，他一般会派县尉前去。县尉相当于现在的县公安局长，负责一县治安。如果县尉不在，也可以委派其他官吏。如

> 早在战国时期，一切非正常死亡的、无名尸体或者是发生纠纷而造成人身伤害的，都要进行官方的检验，而且还要写下爰书，记录存档，作为定罪量刑的依据。

宋慈洗冤

果县衙里的官吏都不在，或者县令觉得案件重要，他也可以亲自去验尸。阳谷县令究竟派谁去的，《水浒传》里并没有言明，反正不是他自己去的。

监当官的工作，虽然不是什么好差事，却很风光，也很轻松。他带着仵作，还有门子（随身服侍官员的少年衙役）、皂隶（充当官员随行及护卫），以及轿夫和为长官出行开道的吹鼓手等一帮人，前呼后拥，好不气派。

官吏到达现场，早已有人搭好了一座棚子，作为临时公堂。在这个临时公堂里，会摆上公案，上面铺上毡条桌布，放上文房四宝，另外，还要点上香，以驱逐尸臭。官员坐的椅子要铺上褥子，然后官员端坐在公案后，主持检验。

仵作向监当官叩头请示，长官吩咐一声"开检"，验尸工作才真正开始。西门庆被杀不久，尸体尚未腐败，也没有什么尸臭。如果是腐尸，在验尸开始前，衙役们会在距离尸体两三步远的地方，烧起一堆皂角、苍术之类的药用植物，来冲淡现场的尸臭。仵作先对西门庆的尸体就地进行干检；再把尸体用门板抬到明亮的地方，脱去西门庆的衣物，用水把尸体冲洗一遍，然后进行细检。

按照《洗冤集录》的记载，仵作会按照前后左右的顺序检验尸体的表面，这称为"四缝"。仵作逐一"喝报"每一个部位有伤无伤；如果"有伤"，还要报伤痕的性质、尺寸和颜色；如果是致命伤痕，要请监当官上前亲自查看。这些检验情况，刑房书吏要逐一记录。

西门庆身上有哪些伤痕呢？《水浒传》里面说，他先是和武松搏斗过，然后被武松倒提着从狮子楼摔到街心，又被一刀割去头颅。所以，西门庆身上有搏斗伤、摔伤和致命伤，可谓"伤痕累累"，这样整个检验会花去不少时间。

> 按照《洗冤集录》的记载，仵作会按照前后左右的顺序检验尸体的表面，这称为"四缝"。

第三讲 四任提刑

忤作检验结束，刑房书吏的记录也完毕。他对尸检情况进行整理，还画上"四缝"伤情的示意图，制作好一份验尸文件，然后在场的被告、尸亲、地邻、证人等一一画押。忤作也要画押，还要在一份"保结"上画押，保证自己是如实检验，否则甘愿受罚。最后，由专门负责保护官印的随从，请出官印，在验尸文件上盖章。

《水浒传》所说的故事发生在北宋年间，当时验尸的文件只有一种，叫作"验状"，类似于现在的鉴定书。交到阳谷县令手上的，就是这份验状。不过，验状只是记载了验尸现场的一些情况，至于官府出检是否及时，中间有无"违制"（违反规定）等都无法反映；刑房书吏画的"四缝"图也是千差万别，没有统一格式。这种情况在南宋有了改变，出现了第二种和第三种验尸文件。

在宋慈出生前十二年，出现了第二种验尸文件。浙西提刑郑兴裔创制了一种"验尸格目"，在孝宗淳熙元年（1174年）推广至全国。这个文件要求把验尸的过程、内容等详细地记载下来，从而制约官吏，以防徇私舞弊。

第三种验尸文件出现的时候，宋慈大概还在太学读书。嘉定四年（1211年），江西提刑徐似道发明了"检验正背人形图"，然后被推广到全国。这是一张尸图，它是预先印制好的人体图，在尸检后，检验官用红笔在上面标注受伤部位，在场的人无异议后签字画押。以图像标出身体部位，具有逼真和直观的特点，即使是不识字的人，也能一目了然，这有利于文化水平较低的人共同进行监督，达到"吏奸难行，愚民易晓"的目的。可以说，检验正背人形图的推广是司法检验史上一个意义深远的举措。

在宋慈当提刑官的时候，关于法医检验的法律文件已经非常成熟了，这对检验质量的提高有着很重要的促进作用。法医学的

> 在宋慈当提刑官的时候，关于法医检验的法律文件已经非常成熟了，这对检验质量的提高有着很重要的促进作用。

创立，也正是在这个基础上完成的。

前面我们讲的是初检的整个流程。至于复检，在流程上和初检差不多，只是检验人员是由邻县或上级机关派来的而已。他们也对尸体进行检验，也要填写验尸报告。官府用复检的报告，对初检进行监督。像武松这样的杀人案件，属于重大案件，是必须复检的。

这种监督体系，有时真能发挥作用。北宋有个叫余良肱的官员，就是通过复检发现疑点，从而找出真凶的。

余良肱进士及第后，被任命为荆南司理参军，这个职务是负责司法审判的。有一次，下属的一个县呈报了一个杀人案件，并说已经捕获凶犯，而且凶犯业已认罪。余良肱在阅读卷宗的时候，就有些疑惑。后来他又参加了复检，还把凶器和死者的伤口进行比对，然后提出疑问："岂有刃盈尺而伤不及寸乎？"凶器刀有一尺多长，可是伤口却连一寸都不到，这怎么可能呢？所以这个案子一定有问题。后来才知道，认罪的人是被县里屈打成招的。余良肱自告奋勇，请求长官让他来办理这个案子，果然擒住了真凶。

在封建时代，检尸的过程中，会有很多"奸巧"的事情。明代小说家凌濛初在《二刻拍案惊奇》里总结说："官府一准简尸，地方上搭厂的就要搭厂钱，跟官、门、皂、轿夫、吹手多要酒饭钱，仵作人要开手钱、洗手钱，至于官面前桌上要烧香钱、朱墨钱、笔砚钱，毡条坐褥俱被告人所备。还有不肖佐贰要摆案酒，要折盘盏，各项名色甚多，不可尽述。"这些额外的花销，都被强加在老百姓身上。老百姓不胜其苦，甚至出现卖儿鬻女的惨剧。

清代的时候，徐州的睢宁县有这样一个不成文的规矩：有路毙者，相验时地主出钱八千送官，便可结案。意思是说，如果哪家的房宅或土地附近有人死了,而官府检验不属于他杀,主人只要送给办案人员八贯钱,就可以结案。

有一次村里来报,说在河边发现了一具无名尸体。这时县令正好不在,代理县令钱某就带人去验尸。检验的结果,死者不是他杀,所以钱某就命令把尸体掩埋,了结此案。

回到府衙,刑房书吏送上八贯钱,说是"常例钱"。钱某也知道这个规矩,一定是发现尸体现场附近的某位房主交的,就收下了。不过他看到穿钱的绳子有点特别,一般穿钱的是麻绳,可是这几串钱却是用红绳穿起来的。钱某感到奇怪,就问书吏。书吏说,这家房主太穷,拿不出常例钱,只好把女儿卖给别人做妾,得了二十四贯钱,因为是"喜钱",所以就用红绳穿钱。

钱某动了恻隐之心,下令把买妾的那个人叫来,对他说:"我逼别人卖女儿得了这笔钱,这是不仁;你乘人之危买人家的女儿做妾,这是不义。不仁不义的事情咱们不能做,我绝不要这笔钱,你也赶紧把那女孩送回去。"那人答应了。

钱某又叫房主把钱退回去。但是那人却说,剩下的十八贯钱已经被衙门里的书吏、衙役用作"差使钱"了。钱某有些震惊,就在衙门里追缴,可是那些书吏、衙役推说已经赌博、喝酒花完了。钱某只有好事做到底,自己掏出十八贯钱垫上,替那家房主还了债。

这样借验尸勒索的事,在古代衙门并不少见,所以凌濛初感叹说:"官府动笔判个'简'字,何等容易!道人命事应得的,岂知有此等害人不小的事?"他说的"简",就是尸检的意思。

不过,这样的事,在宋慈那儿肯定不会发生,因为宋慈是一位循吏。宋慈这位循吏,可以说是"断案如神",他都断了哪些案子呢?

第三讲 四任提刑

"官府动笔判个'简'字,何等容易!道人命事应得的,岂知有此等害人不小的事?"

宋慈洗冤

宋慈是怎样一位"青天"？

嘉熙三年（1239年），宋慈任广东提点刑狱公事。当时，广东的官吏多不奉公守法，司法腐败混乱，有的案子拖了几年也没有结案。宋慈一到任，就着手解决。他"下条约，立期程，阅八月，决辟囚二百余"。宋慈不仅下了公文督促办案，还给了时限，这样用了八个月时间，就处理了两百多个案子。算一算，宋慈是平均一天处理一个案子，真称得上是"神断"了。

他是怎么做到的呢？我们根据刘克庄写的《宋经略墓志铭》总结了一下，大概有三点。第一点是调查现场，验证材料，这是断案的基础。宋代广东的自然条件差，环境恶劣，而宋慈不畏艰苦，"虽恶弱处，所辙迹必至"，意即连穷乡僻壤也要实地访查。这样的勤奋踏实，是一般官吏做不到的。第二点是听讼清明，决事刚果，这是断案的方式。只有不先入为主，才能认真倾听当事双方的陈述，了解案情的真实情况。而一旦明了案情，就要决事果断，执法如山，才能达到"雪冤禁暴"的目的。第三点是不畏权贵，体恤百姓，这是断案的条件。刘克庄说宋慈"抚善良甚恩，临豪猾甚威"。这一点的关键是以民为本，不过对于宋慈这位循吏来说，倒是不难做到。

其实这三点做起来并不难，只是真正去做的官吏很少而已。宋慈认真做了，于是就成为"神断"，受到了百姓的拥戴。刘克庄说，当时"属部官吏以至穷闾委巷、深山幽谷之民，咸若有一宋提刑之临其前"。意思是说，当时不仅是下属，就连穷乡僻野、深山幽谷的草民都知道宋提刑的大名。刘克庄的话有点儿吹捧的味道，不过就宋慈的所作所为来看，他应当是深受百姓爱戴的一位"青天大老爷"。

> 宋慈不仅下了公文督促办案，还给了时限，这样用了八个月时间，就处理了两百多个案子。

宋慈究竟断了哪些案子呢？刘克庄没有举例。至于宋慈自己写的《洗冤集录》，基本上都是他提炼的带有规律性的检验方法与技术。他在总结前人断案经验的时候，删去了具体案例的情节，也没有给我们提供更多的线索，所以这位大宋提刑官究竟断了哪些案子，除了少数几件之外，我们就不得而知了。

这样的事情，在别的"清官"身上也有。

例如狄仁杰，这位中国历史上真实版的"第一清官"。《旧唐书》记载："仪凤中为大理丞，周岁断滞狱一万七千人，无冤诉者。"一年断了一万七千人的案子，算狄大人没有节假日，平均每天就是接近五十人，居然没有一人喊冤，可谓"神断"。至于他是怎么断案的，因为史书没有记载，我们就不知道了。

而传说中的"第一清官"包拯，他是怎么断案的？《宋史》只记载了他的一个案子。

包拯到天长任知县。有个农民哭着到县衙告状，说有坏人割了他家牛的舌头，请求捉拿罪犯，给他申冤。包拯详细询问之后，认为这是一件仇人报复案件。可是谁是罪犯，怎么抓住罪犯呢？包拯经过一番思考，想出一个"金钩钓鱼计"。他对告状的农民说："牛舌被割，这头牛必死，你回去杀掉卖肉赚钱吧。只是不要声张，更不能说是本县叫你杀的牛，这样案子就能破了。"

那农民一听，吓了一跳，说："包大人，牛舌虽无，但还未死。杀耕牛可是违法的。"

包拯说："本县给你做主。"

那农民只得回家杀牛卖肉。

果然包拯神算。罪犯见到农民宰杀耕牛，认为有机可乘，立即就到县衙告状了。

包拯升堂，一拍惊堂木，怒喝道："大胆狂徒，为何先割牛舌，又来告人家私宰耕牛？如此可恶，还不从实招来！"

罪犯一听，以为事情败露，十分惊恐，又怕刑杖之苦，只好招供认罪。

这是包青天所破的有据可查的唯一一件真实的案子。

而宋慈呢，他正史无传，所断案件则更是无从稽考，我们现代人只能是慨然而叹了。

这一讲，我们介绍了宋慈所任的"提刑"这一官职。宋慈曾经四任提刑，"雪冤禁暴"，是为百姓称颂的"青天大老爷"。那么，宋慈是怎么写《洗冤集录》的呢？

请看下一讲《著述集录》。

第四讲 著述集录

宋慈是怎么著述《洗冤集录》的?
神证究竟是怎么回事?
古代官府为什么会刑讯逼供?
古代官吏是怎么使用物证的?
宋慈要洗什么「冤」?

> 于是，他花了三年时间，"博采近世所传诸书"，写了一本办案大全，给同僚们作为参考。

上一讲，我们在介绍宋慈的时候，说到了他为什么要写《洗冤集录》。宋朝廷委派一些刚刚通过科举考试的人为官，这些人由于埋头读书，没有实际经验，所以办案的时候感到无从下手，加上仵作胥吏"欺伪"，以致冤案累累。于是，他花了三年时间，"博采近世所传诸书"，写了一本办案大全，给同僚们作为参考。

宋慈究竟是怎么写这本书的呢？

宋慈是怎么著述《洗冤集录》的？

宋慈在《洗冤集录》的序言里，说了这样一段话：

> 每念狱情之失，多起于发端之差；定验之误，皆原于历试之浅。遂博采近世所传诸书，自《内恕录》以下，凡数家，会而粹之，厘而正之，增以己见，总为一编，名曰《洗冤集录》。

这段话讲了三层意思。第一层意思是他写书的目的。他在断案的实践中感到，如果案情有误，大多是在办案初期就出了差错；如果判断失误，大多是因为官员们办案经验太少。这样的话，这些官员们就需要一本好的办案指导用书。第二层意思是说怎么写书的。他是汇集了当时比较流行的一些图书，考订校正，然后再融入自己的见解，汇编而成。第三层意思是讲书名。宋慈写的这本书，他自己定了一个名字，叫《洗冤集录》。这表明宋慈是尊重知识产权的，他的书里集录了不少古籍，他一定要把这个事情说清楚，这既是自己的一个态度，也是对古人劳动成果的尊重。

受电视剧的影响，很多人认为宋慈写书是受到了他父亲宋巩的影响，这其实是一种误解。

宋慈的祖上，大概是因为唐末五代的动乱，由河北的邢州迁到了浙江睦州一带。后来，他的一位先人叫宋世卿的，担任了建阳县丞，宋氏一族才开始定居建阳。

宋慈的父亲宋巩很有才，二十岁就考上了进士，后来做了广州节度推官。节度推官掌管刑狱，大致相当于现在的中级人民法院院长。老子是搞"刑名之学"的，后来儿子也干这行，宋巩对儿子宋慈的人生道路是否产生了某些微妙的影响呢？

其实，真实情况并不是这样。

宋巩七十三岁的时候，死在节度推官的任上。他勤于政事，可能还写了一点判案心得，不过这对宋慈倒没有什么影响。因为古代的官吏，他的职务一般是变动的。宋巩就是先当承事郎一类的散官，后来才升职为节度推官的。而宋慈呢，也是先当了江西信丰县的主簿，然后一级一级升到提刑官的。晚年的宋慈，又升为广东经略安抚使，主管一路军政、民政，从断案转为抓全面工作了。所以，父子俩在职场中的一点巧合，并没有影响到宋慈，也没有什么承继关系。

第四讲 著述集录

> 这表明宋慈是尊重知识产权的，他的书里集录了不少古籍，他一定要把这个事情说清楚，这既是自己的一个态度，也是对古人劳动成果的尊重。

宋慈洗冤

如果宋巩真的写了一点断案心得，那对宋慈写《洗冤集录》肯定是会有影响的，不过，宋慈在《洗冤集录》的序言中并没有提及此事。在古代，人们对"家传之学"很重视，如果是家学，后辈一定会在书中写清楚，以表达对先人的尊崇。因此我们可以据此推断，宋慈写《洗冤集录》和他的父亲没有什么关系。

宋慈都集录了哪些古籍呢？

宋慈在序言中提到了《内恕录》，这可能是他写作《洗冤集录》的主要参考书。这本书应该是世界上最早的法医学著作，不过现在已经亡佚了，谁写的，内容怎样，我们都不大清楚了。

那么，宋慈还有没有参考其他书籍呢？

据现在的研究，当时比较流行而且流传到现在的有三本书：《疑狱集》、《折狱龟鉴》和《棠阴比事》。这三本书宋慈在写作的时候，都进行了"会粹"和"厘正"。

《疑狱集》是五代后晋和凝、和㠓父子俩写的。他们选取了汉至五代疑难案例一百余篇，然后逐一分析，汇编成书。这是我国现存最早的案例选编，其中就有一些司法检验方面的经验介绍。到了南宋初年，一个叫郑克的人以《疑狱集》的全部案例为基础，逐条增补，然后分类整理，汇编成《折狱龟鉴》一书。这本书对后世的影响很大，宋慈在写书的时候多有借鉴。

我们可以举个例子。《疑狱集》写了一个案子叫"张举烧猪"，《折狱龟鉴》对这个案子进行了法医分析。

案情是这样的：一次，有人报案说，一个女人谋杀了她的丈夫。但这个女人却说，丈夫是在家给火烧死的。女人言之凿凿，但是县令张举就很怀疑。他叫人弄来两口猪，杀死其中一只，然后让人把两口猪都扔进火里。等到火灭了，他让人掰开猪嘴，发现被杀死的猪，嘴中没有烟灰；而被烧死的猪，嘴中却有烟灰。《折狱龟鉴》分析

> 在古代，人们对"家传之学"很重视，如果是家学，后辈一定会在书中写清楚，以表达对先人的尊崇。因此我们可以据此推断，宋慈写《洗冤集录》和他的父亲没有什么关系。

说，这是因为活猪在火中挣扎，所以嘴里就吸进了烟灰。张举让人检查死者的嘴，口中并无烟灰，因此断定死者是先被杀，然后才被扔进火中的。

宋慈在集录这个案子的时候，还加上了自己的经验。他说：

> 凡生前被火烧死者，其尸口、鼻内有烟灰，两手脚均拳缩。缘其人未死前，被火逼奔争，口开脉往来，故呼吸烟灰入口鼻内。若死后烧者，其人虽手、足拳缩，口内即无烟灰。若不烧着两肘骨及膝骨，手、脚亦不拳缩。

如果是被火烧死的，不仅口中有烟灰，他还会因为挣扎，手脚蜷曲；而死后被烧的，则没有这种情况。

《棠阴比事》是南宋一个叫桂万荣的人写的，刊于1213年。这本书的书名现在的人不容易理解。"棠阴"就是"甘棠树荫"的意思，这是一个典故，取自《诗经·召南·甘棠》，原诗是这样的：

> 蔽芾甘棠，
> 勿翦勿伐，
> 召伯所茇。
>
> 蔽芾甘棠，
> 勿翦勿败，
> 召伯所憩。
>
> 蔽芾甘棠，

第四讲 著述集录

> 如果是被火烧死的，不仅口中有烟灰，他还会因为挣扎，手脚蜷曲；而死后被烧的，则没有这种情况。

宋慈洗冤

> 勿翦勿拜,
> 召伯所说。

这首诗一咏三叹,感情真挚,表达了百姓的感激之情。原来周武王的弟弟召公奭南巡,他所到之处不占用民房,只在甘棠树下停车驻马、听讼决狱、搭棚过夜。召公死后,人们就吟诵这首诗来怀念他。"比"的意思是参照、借鉴。"棠阴比事"的意思是说,为官吏们提供一些可以借鉴、参照的事例,让他们可以推行德政、泽被万民。

这本书的内容,主要还是来自《疑狱集》和《折狱龟鉴》。例如,书中记录了这样一个案子:

王臻是宋仁宗年间的名臣,他在任福州知府的时候,碰到一个人命案子。王臻觉得死者的伤不是在致命的部位,就问:"这样的伤能致死吗?"属下回答说:"这种伤不会很重,也不可能致命。"王臻心中有数了,就讯问死者的家属,得到了实情。原来死者想要向伤人者寻仇,就先吃了野葛然后和他争斗。在打斗中,死者毒发身死,看起来就像是被打死的一样。家属趁机诬告,想要致伤人者死地。这起自杀诬人案,如果不是王臻有点法医知识,觉得死者伤情有疑点,差点得逞。

宋慈在写《洗冤集录》的时候,也注意到了当时福建人的这种自杀诬人的风俗,还把野葛这种毒药的性状写进了书中,提示读者注意。那么,服食野葛后死的人是什么样子?宋慈说:

> 砒霜、野葛毒,得一伏时,遍身发小疱,作青黑色,眼睛耸出,舌上生小刺疱绽出,口唇破裂,两耳胀大,腹肚膨胀,粪门胀绽,十指甲青黑。

> 宋慈在写《洗冤集录》的时候,也注意到了当时福建人的这种自杀诬人的风俗,还把野葛这种毒药的性状写进了书中,提示读者注意。

这段话的意思是说，服食野葛后，一顿饭工夫就会毒发身亡。死者全身上下出现许多小疱，尸体呈青黑色，眼睛突出，舌上有小刺疱、绽裂，口唇裂开，两耳肿大，腹部膨胀，肛门胀裂，指甲呈青黑色。这么看来，死者的体表特征还是比较明显的。所以读了《洗冤集录》，再有人想服食野葛自杀诬人可就没那么容易了。

牛顿说过这样一句话："如果说我比别人看得更远些，那是因为我站在了巨人的肩上。"这话对宋慈同样适用。他是总结了古人长期积累下来的法医经验，再加以创新，才成为"法医学鼻祖"的。

宋慈把书名定为"洗冤"也是有讲究的。

"洗"者，洗雪之意。宋朝在诉讼程序上有一种"理雪"制度，也就是被告不服，允许申诉，由上一级官府进行审理。如果案件真的有错误，被纠正了，对于被告来说，这就叫"洗冤"了；当然，官府复查案件，主动纠正失误，也叫"洗冤"。

宋慈所说的"冤"，也不是简单地指错误，而是指屈枉、冤枉。这一点在他的序言里讲得很清楚："盖死生出入之权舆，幽枉屈伸之机括，于是乎决。"宋慈认为，法医检验是判断嫌疑人罪行有无、轻重的开端，是冤屈申雪的关键所在，而用好了这本《洗冤集录》，"则其洗冤泽物，当与起死回生同一功用矣"。可见，宋慈甚至把能否"洗冤"，提到可以让嫌疑人起死回生的高度。

宋慈的这个定义很有意义，自他以后，"洗冤"就成为法医检验的符号和代名词了。

《洗冤集录》取得了巨大的成功，在后来的漫长岁月中，这本书成为官府进行法医检验的必备用书。而宋慈所集录的古籍，除了少数几本，大都亡佚了。这样看来，称为"集录"就没有多大

第四讲 著述集录

> 他是总结了古人长期积累下来的法医经验，再加以创新，才成为"法医学鼻祖'的。

宋慈洗冤

意思了，所以后人有时也把宋慈写的书称为《洗冤录》。特别是到了清朝康熙年间，律例馆把宋慈的书重新编辑校正，定名为《律例馆校正洗冤录》，以国家的名义向全国推广，这就加深了人们认为宋慈写的书叫《洗冤录》的印象。

那么，中国古代为什么会出现这样一本法医学著作呢？

神证究竟是怎么回事？

《洗冤集录》是我们古人探索用科学的手段和方法揭示案情真相的重要成果。

司法所追求的，是社会的公平和正义。其实这一点古人早已认识到了，甚至他们在造"法"这个字的时候，就已经把这个意思表达了出来。法的繁体字写作"灋"，《说文解字》上讲："灋，刑也。平之如水，从水。"就是要求法官在处理诉讼案件时，要一碗水端平，主持公道。而要主持公道，首先要对案件的事实进行认定。

但是由于人类自身发展的限制，对于古人来说，查明案情真相可不是一件容易的事情。人类是经过漫长的摸索，再借助于科学技术的发展，才具有了现今的认知能力的。这个认知发展过程，我们一般把它划分为神证、人证和物证三个阶段，物证是高级阶段，《洗冤集录》就出现在这个阶段。

什么是神证呢？

所谓神证，通俗地讲，就是让"神"来帮助法官认定案件事实。这是生产力水平极为低下的情况下，人类一种无奈的选择。

世界上很多国家都出现过神证。例如，古代印度有一部《摩奴法典》，里面就规定了八种神明裁判的方法，其中一种叫圣谷审

> 所谓神证，通俗地讲，就是让"神"来帮助法官认定案件事实。这是生产力水平极为低下的情况下，人类一种无奈的选择。

怎么用"圣谷"来"审"呢？一个案子，如果法官无法查明真相，他就会把当事人带到寺庙里，让他们吃供奉在那里的谷物。当事人吃下谷物后，法官就看他们的反应，如果当事人身体状况良好，就说明他是清白的；反之，就是有罪的。古代印度的人认为，寺庙里供奉的谷物是圣物，带有神的意志，因此吃下这种谷物，神就通过当事人的肚子来审判。这种方式其实也有一定的科学道理。因为寺庙里的"圣谷"一般都供奉了很长时间，可能略有变质，吃下去后会略感不适；加上古人迷信，理屈的一方会感觉恐惧和不安，这种心理会放大身体的不适，法官就借此查明真相。

类似的方法在法国也有。古代法国有一种面包奶酪审，法官要求当事人在一定时间内吞下大约一盎司的大麦面包和同样大小的奶酪，并且不能喝水。如果当事人毫无困难地吞下了，就说明他无罪；如果他吞不下或者呕吐了，就说明他有罪。大麦面包是粗纤维的，吞咽干奶酪也是很困难的，这都需要口腔分泌唾液。而人在恐惧和不安的情况下，唾液分泌就会减少，会感到口干舌燥，当然也就吃不下这样的面包和奶酪。

还有一种水审法。在古巴比伦，法官经过宗教仪式，然后把当事人扔进河里，如果他沉入水中，就说明有罪；如果他浮在水面上，则说明无罪。这个方法有点不靠谱，因为当事人如果会游泳，那他即便是理屈，也不会沉下去的。

此外，还有火审法、称审法、毒审法、圣水审、热油审、抽签审、动物审，甚至是决斗审，等等。这些神证方法，有的在中国古代也曾出现过。不过严格地说，中国古代的神明裁判很不发达，方法上也要少很多。

在中国古代最有名的一种神证方法，是动物审。和其他国家

> 在中国古代最有名的一种神证方法，是动物审。

第四讲　著述集录

宋慈洗冤

的动物审不太一样，那些国家选用的动物，多是比较凶猛的，而古代中国所选用的动物则要温顺许多，它是一只"羊"。

这只"羊"长得很奇怪，它只有一只角，但是很神异，能分辨曲直、确认罪犯。法官断案感到有疑惑的时候，就会把这只"羊"放出来。"羊"来到当事人面前，如果他有罪，"羊"就会用那只独角顶他；如果无罪，就不顶他。法官据此断案。法的繁体字"灋"里包含了"廌"字，《说文解字》上的解释是"古者决讼，令触不直"，指的就是这只"羊"。

这只"羊"有一个很奇怪的名字，叫獬豸。它的主人，叫作皋陶。宠物长得怪，主人皋陶长得也挺雷人。他的脸是青绿色的，像西瓜的颜色，嘴长得像鸟喙一样。当然这只是传说。不过，这种长相在古代是有特殊意义的，它是至诚的象征，表明皋陶能够明白决狱、洞察人情。

传说皋陶在舜的时候被任命为大理官，也就是国家最高司法长官。他创刑造狱，为后世司法奠定了坚实的基础，因此被称为圣臣。由于他的贡献大、声望高，所以禹一度打算把王位禅让给他。不过皋陶可能是因为操劳过度，先于大禹去世，所以没有继承这个王位。

> 这位大名鼎鼎的"司法之祖"后来成为狱神。

这位大名鼎鼎的"司法之祖"后来成为狱神。据王充的《论衡》记载，在东汉的时候，衙门里就供奉皋陶像、装饰獬豸图。古代的狱官上任后的第一件事就是参拜狱神；新关进监狱的人也要参拜，他们被释放的时候还要再拜；甚至死刑犯在临刑前，也要朝拜狱神，然后才被正法。

皋陶制定了法律，开启了司法审判的新阶段，但是他在遇到疑难问题的时候，还是会用獬豸来"神断"。

那么，什么叫人证呢？

古代官府为什么会刑讯逼供？

人证的"人"是广义的，包括证人、当事人，法官根据他们的陈述，查明案情，并对案件进行判决。在历史上，人证其实很早就已经出现在断案中。不过，在神明裁判占据主导地位的时候，人证只能发挥次要的、辅助的作用；而当神明裁判退出历史舞台之后，人证才成为司法证明的主角。

在人证阶段，世界各国都曾经把当事人的陈述，特别是刑事案件中被告人的供述，当作最可靠、最完整的证据，称为"证据之王"。在我国也有着这样非常重视被告人口供的司法传统。古代的官吏们，无论是循吏清官，还是酷吏贪官，他们在断案的时候，都必须拿到被告人的口供，否则不能定罪。

这种做法当然有着历史的进步性，不过怎么才能拿到真实的口供呢？这就是对官吏们智慧和能力的考量了。

古人在这方面总结出很多经验。《周礼》提出了"以五声听狱讼，求民情"的办法："一曰辞听，二曰色听，三曰气听，四曰耳听，五曰目听。"这五法怎么用呢？《折狱龟鉴》是这么解释的：

> 一曰辞听，观其出言，不直则烦；二曰色听，观其颜色，不直则赧；三曰气听，观其气息，不直则喘；四曰耳听，观其听聆，不直则惑；五曰目听，观其顾视，不直则眊。

意思是说，一要观察言辞，理屈一方必定说话啰唆；二要观察神色，理屈一方一定羞愧脸红；三要观察呼吸，理屈一方会呼吸急促；四要观察聆听，理屈一方常常装聋作哑；五要观察眼睛，理屈一方常常游目四顾。也就是说，官员在审理案件时，要注意观察当

> 第四讲　著述集录

> 在人证阶段，世界各国都曾经把当事人的陈述，特别是刑事案件中被告人的供述，当作最可靠、最完整的证据，称为"证据之王"。

宋慈洗冤

事人的现场表现，进而查知案情真相。

这种做法是有科学道理的。我们知道，语言、脸色、呼吸、听力和眼睛等外部表现，反映的是人的内心世界。一个人是否理屈，他的心态是不一样的。理直的一方，心地坦然，即便是有些气愤、紧张，也不会张皇失措；理屈的一方，免不了恐惧、惊慌、疑虑，这种心态会通过肢体语言不自觉地表现出来。因此，察颜观色，探寻当事人的内心世界，不失为断案的一种重要手段。

"五声听狱讼"是一种比较简单的方法。面对千奇百怪的案件、形形色色的当事人，官吏们还必须运用自己的智慧，来查明案情的真相。

据沈括的《梦溪笔谈》记载，张升在做润州知府的时候，碰到一个案子。

当地有个妇人的丈夫外出很多天，一直没有回家。一天，有人说在菜园的井里发现了一具尸体，那妇人立即赶过去，对着井里号啕大哭，说："这是我的丈夫呀！"这件事报告给了官府。张升让属下集合乡邻到井边，辨认死者是否是那妇人的丈夫。可是大家都说井很深，里面看不清楚，请求打捞出尸体再辨认。张升一听，立马发现问题："众皆不能辨，妇人独何以知其为夫？"既然大家都无法辨认，怎么这个妇人偏偏就能知道井里的死人是她丈夫呢？于是张升叫人抓住妇人讯问。原来是那妇人的情夫杀了妇人的丈夫，然后把尸体扔进井里。这个事情妇人早就知道，所以当有人说井里有尸体时，妇人情不自禁就说出那是自己丈夫的尸体，也因此露了马脚。

张升是用推理的方法，查知案情真相的。

有时候，官员们在审案时，也会采用一些技巧，查出疑犯。

《不用刑审判书》中记载了这样一个案子。

> 面对千奇百怪的案件、形形色色的当事人，官吏们还必须运用自己的智慧，来查明案情的真相。

第四讲 著述集录

有人偷鸡被抓,县令叫人把左邻右舍中被偷了鸡的人都找来,当堂指认,但是疑犯死不认账。县令实在没法,但若为这点小事就刑讯逼供,他又觉得于心不忍,于是就变换了一种审讯方法。他让这些当事人都跪在一边,自己审理别的案子。过了许久,县令假作很疲倦的样子对这些人说:"今天不审了,你们先回去。"大家依言站起,准备离去。这时候县令突然一拍惊堂木,大喝一声:"偷鸡贼也敢站起来?!"偷鸡贼吓了一跳,不觉双膝一软,又跪了下去。县令马上审问他。这时候偷鸡贼的心理防线已经彻底崩溃,不得不认罪招供。

有时候,官吏为了查明真相,还会微服私访。这些微服私访的古代官吏,不畏劳苦,潜入闹市陋巷或者乡村田舍,察访民情、侦破疑案,许多故事至今仍为我们津津乐道。

但是,我国古代像这样的法官可不多。多数官员断案智慧不高,破案能力也不强,再加上案情复杂,于是就采用了一种简单的方式:讯问当事人。如果当事人特别是被告不说,或者被认为是说了假话,官吏们就会用刑讯来逼供。

刑讯逼供在世界各国司法发展史上都出现过。在中国古代,这种方式称为"笞掠",被认为是取得证据最有效的方式,也是成本最低、最简单、最直接的办法。

据考证,中国的刑讯可能滥觞于周,其后就成为官府查询案情的重要手段。官员们为了得到口供,在刑讯的方法上做足了文章,残忍折磨被讯人,逼迫他们招供。成语"请君入瓮"就是这种现象的一个反映。

《新唐书》记载了这样一件事。

武则天为了镇压反对她的人,任用了一批酷吏,其中两个极为狠毒:周兴和邱神勣。他们利用诬陷、控告和惨无人道的刑罚,

> 有时候,官吏为了查明真相,还会微服私访。这些微服私访的古代官吏,不畏劳苦,潜入闹市陋巷或者乡村田舍,察访民情、侦破疑案,许多故事至今仍为我们津津乐道。

宋慈洗冤

冤杀了许多官吏和百姓。有一回，一封告密信送到武则天手里，内容竟是告发周兴与邱神勣等人联络谋反。武则天大吃一惊，立刻下密旨给另一个酷吏来俊臣，叫他负责审理这个案件。说巧也巧，太监把密旨送到来俊臣家时，来俊臣正跟周兴在一起喝酒。看完密旨，来俊臣不动声色，把密旨往袖子里一放，仍旧回过头来跟周兴谈话。他对周兴说："兄弟我平日办案，常遇到一些犯人死不认罪，不知老兄有何办法？"借着酒劲，周兴就说："这还不容易！我最近就想出一个新办法：拿一个大瓮放在炭火上，谁不肯招认，就把他放在大瓮里烤。还怕他不招？"来俊臣连连点头称是，随即命人抬来一口大瓮，按周兴说的那样，在四周点上炭火，然后回头对周兴说："我接到密旨，说有人告发周兄谋反，命我严查。你如果不老实招供，那只好请你自己进这个瓮了。"周兴一听，吓得魂飞天外，连忙跪在地上，表示愿意招认。来俊臣根据周兴的口供，定了他死罪，上报武则天。这就是"请君入瓮"的故事。

对于周兴的供词，武则天多少有点怀疑；再说周兴毕竟为她干了不少事，于是就赦免了周兴的死罪，把他革职流放到岭南去了。但是周兴坏事做得实在太多，仇人满天下，这些仇人半路上就把周兴暗杀了。

处理周兴的来俊臣也是一个狠角色。他发明的酷刑很多，光是给犯人带的枷，他就发明了"定百脉、喘不得、突地吼、著即承、失魂胆、实同反、反是实、死猪愁、求即死、求破家"十种型号。审问的时候，不论犯人身份贵贱，他先让人把枷棒放在地上，然后对他们说："这就是刑具！"见到刑具的人无不魂飞魄散，"皆自诬服"（无不自己诬陷自己的）。

后来，来俊臣被斩于西市，人们拍手称快，都说："今得背着床瞑矣！"意思是说，大家从此以后，就不必担心受到迫害，可以背靠着床安心睡觉了。他们争相去挖尸首的眼，摘他的肝，剐他的肉，很快就把肉割净了，还有人用马践踏尸骨，后来连骨头渣子都没剩下。来俊臣的万贯家财，也被官府抄没。

到了宋代，虽然司法证明已经发展到以物证为主，但是由于种种原因，刑讯逼供在官府断案过程中一直长期存在，甚至还有所发展。

我们以宋慈生活的宋理宗时期为例。

这位理宗皇帝来自民间，"具知刑狱之弊"，刚当皇帝，"即诏天下恤刑"，"而天下之狱不胜其酷"。怎么一个"不胜其酷"呢？据《宋史》记载，理宗时，"擅置狱具，非法残民，或断薪为杖，掊击手足，名曰掉柴；或木索并施，夹两胫，名曰夹帮；或缠绳于首，加以木楔，名曰脑箍；或反缚跪地，短竖坚木，交辫两股，令狱卒跳跃于上，谓之超棍，痛深骨髓，几于殒命"。刑讯逼供之下，还能不冤案重重？

那么，什么是物证呢？

古代官吏是怎么使用物证的？

中国古代司法有着非常注重物证的传统。拿法医检验来说，相关的制度，可能在周朝就已经建立并付诸实践了。《礼记》有这样一段话："（孟秋之月）命理瞻伤、察创、视折、审断，决狱讼必端平。"这段话里的伤、创、折、断，是不同的伤损情况。这说明古人对此已经有非常明确的认识了。当时规定，要在"孟秋之月"集中进行案件审理。自此以后，法医检验制度逐步成为国家法律体系的一个组成部分。到了宋代，为了体现统治者的"恤狱"思想，国家对物证更加重视，并有一系列的法律规定保证物证在

> 中国古代司法有着非常注重物证的传统。

宋慈洗冤

> 我们之所以把法医方面特别提出来，是因为它是一个杰出代表，不仅在中国，甚至在世界法律史上都有重要的位置。

审判过程中发挥作用，物证成为司法证明的主导。《洗冤集录》就是在这样的背景下出现的。

有人也许会有疑问：古代的物证包括哪些呢？难道只有法医方面吗？其实，古代的物证包括了现今司法过程中所用物证的大部分内容，相当广泛。我们之所以把法医方面特别提出来，是因为它是一个杰出代表，不仅在中国，甚至在世界法律史上都有重要的位置。

我们来举个例子。中国是刑侦的发源地，早在秦汉时期，出现案情后，官府往往会对现场进行勘验，求取物证，侦破案件。《封诊式》有一篇"穴盗"的法律文书，记载了这样一个办案过程。

一次，有人报案，说自己晚上在正房睡觉，第二天早上发现放在侧房的一件绵裙被盗。官府立刻派一个官吏带人去现场勘验。

这个官吏是从三个方面完成这次刑侦的。

第一，他让人查看现场。胥吏发现侧房的墙中央有个新挖的洞，旁边有散落的泥土。从痕迹来看，这个洞应该是用一种宽刃的工具凿挖的。洞上窄下宽，人可以钻进来。在洞的两边还发现膝部和手的印痕各六处，证实确实有人钻过这个洞。在现场还发现了脚印，所穿的鞋是秦国通行的样式，而且可以断定是一双旧鞋。

第二，他向报案人调查。报案的那个人说自己的绵裙刚做不久，用帛做的里子，里面絮了棉花，绵裙还做了一个镶边。这个官吏接着询问四邻，邻居证实，报案人确实做了一件绵裙，也有镶边，不过不知道衣服里子是用帛做的。

第三，他让人追查现场留下的足迹。胥吏顺着足迹勘验，发现报案人院墙有一处不大的新缺口，缺口边上好像有人脚翻墙的痕迹。但是到了墙外，因为地面坚硬，再也看不到足迹，足痕就此中断。

回来以后，这个官吏把勘验结果写进爰书，向上级汇报。

两千年以后，我们再看这份法律文书，一点儿也不会感觉这是古代的一份刑侦报告。它的勘验方法和思路，和现今的公安侦查并没有多大不同，完全可以作为一个典型案例写进公安大学的教科书。

缜密的勘验，往往会帮助官员们破案，《折狱龟鉴》记载了这样一个案子。

钱冶做潮州海阳县令的时候，州中一个大姓人家家中起火。官府经过现场勘验，发现火源来自邻居某家，就将其逮捕审讯。某家喊冤不服。太守说："看来这个案子只有钱冶能破了。"便将此案交给钱冶审理。钱冶重新勘验，发现作为引火之物的一只木头床脚可能是大姓的仇家之物，就带人去了仇家，将床脚进行比对。在事实面前，仇家供认，是自己纵火并栽赃某家，为的是逃避罪责。

由此可见我国古代的现场勘验水平。

官府在断案时，对物证也会进行审查，辨明真伪。《折狱龟鉴》还记载了这样一个案子。

章频担任彭州九龙县令的时候，眉州大姓孙延世伪造地契，霸占他人田地。这场纠纷一直得不到解决，转运使便将此案交给章频审理。章频对地契进行了仔细鉴定，说："地契上的墨迹是浮在印迹之上的，这是先盗用了印，然后再写字的。"从而认定地契是伪造的，孙延世服罪。

不过，才智过人的章频有点倒霉。孙延世认罪后，他并没有及时结案上报。孙延世的家人不服，又向转运使申诉。转运使把这个案子交给另一个县令黄梦松审理。黄的结论与章频一样，不过他及时结案上报。结果，黄梦松被升为监察御史，章频反被降

第四讲 著述集录

> 它的勘验方法和思路，和现今的公安侦查并没有多大不同，完全可以作为一个典型案例写进公安大学的教科书。

宋慈洗冤

为庆州监酒（监督造酒的官吏）。

总的来说，《洗冤集录》代表了古代物证技术发展的成果。不过，《洗冤集录》不仅仅是技术手段的记录，它还体现着法律观念的进步，即对于官员断案中"有罪推定"的修正。

所谓"有罪推定"，就是法官在主观上从一开始就认定被告是有罪的，所以审案过程无非是想尽办法让被告承认犯了罪。在这种情况下，即便是被告"屈打成招"也被认为是极其合理的，是案件的圆满审结。西方资产阶级革命初期，针对宗教法庭、封建法官的武断与专横，提出了"无罪推定"，即在刑事诉讼中，被告人未经法庭终审判决之前，应被视为无罪的原则。由"有罪推定"转为"无罪推定"，来源于体制之外革命的压力。在中国，大致从周朝开始，就有了对"有罪推定"原则的修正。这种修正，是通过司法检验体系的逐步建立、完善和科学化而实现的。宋慈在《洗冤集录》中，鲜明地主张重勘验实断讼，提出官员应该通过细致的检验、确凿的证据来论证罪名，达到惩处犯罪元凶、洗清不白之冤的目的，体现了"居官以民命为重"的人本理念，确实难能可贵。

> 宋慈在《洗冤集录》中，鲜明地主张重勘验实断讼，提出官员应该通过细致的检验、确凿的证据来论证罪名，达到惩处犯罪元凶、洗清不白之冤的目的，体现了"居官以民命为重"的人本理念，确实难能可贵。

不过，我们有个疑问：宋慈究竟要洗、能洗什么"冤"呢？

宋慈要洗什么"冤"？

中国古代，冤案是很多的。

远的不说，宋慈所处的南宋，就有多起冤案，其中最有名的是名将岳飞之死。

权相秦桧在高宗的支持下，将岳飞逮捕入狱，但却没有定罪的证据。韩世忠曾经叱问秦桧："罪证何在？"秦桧说："莫须有。"

韩世忠问："'莫须有'三字，何以服天下？"但是秦桧还是以这个"莫须有"的罪名将岳飞秘密杀害。

这样的冤案，即便宋慈生于当时，也是不可能"洗"的。

而到了宋慈的祖师爷朱熹，也有一起冤案。

淳熙九年（1182年），发生了一桩轰动朝野的案件。时任浙东常平茶盐公事的朱熹，连续六次上疏，弹劾前台州知府唐仲友，指斥他嫖宿娼妓等多宗罪行，措辞激烈，举证繁杂。而唐仲友也不甘示弱，他驰奏辩白，并反过来指责朱熹弄虚作假、执法违法。此事朝野议论，惊动了宋孝宗，他一时也难辨是非，就询问宰相王淮。王淮说："此乃秀才争闲气耳。"既然这样，也没必要那么认真，所以孝宗就把朱熹调任了事。

但是这起案件经过后来小说家的渲染，成了一桩离奇公案。

朱熹指斥唐仲友嫖宿的娼妓，是个官妓，名叫严蕊。

据说严蕊这个女子，自幼被卖入妓院，长大后，不仅容貌出众，而且多才多艺，能诗擅赋，博古通今。唐仲友任台州知府时，十分欣赏严蕊的才华，同情她的身世。每遇官府招待宴会，他常把严蕊请来陪饮、歌舞，还时常与严蕊诗词唱和。两人遂为知己。

这个唐仲友也算是个理学家，不过在学术见解上和朱熹分歧很大，有时还针锋相对。唐仲友平时恃才轻视朱熹，朱熹对他也心存嫌隙。后来朱熹巡视台州，就有意伺机报复。

朱熹到达台州，唐仲友偏偏又出迎怠慢，朱熹心中更加不快。于是他搜集唐的种种越轨和不法行为，接连上章弹奏，其中一条罪名就是指控唐与官妓严蕊交好，常有不轨行为。宋代对官吏狎妓管束较严，官吏可以招官妓歌舞陪酒，但是不能留宿，所以朱熹的指控对唐来说，是一项严重的罪行。

朱熹下令把严蕊关进大牢，严刑逼供。不料严蕊受尽酷刑，却拒不招认。回到牢中，狱官问严蕊："上司给你上刑，不过要你招认，你何不早招认了？这恶是有分限的。女人家犯淫，极重不过是杖罪，何苦舍着身子，在这里苦熬呢？"严蕊说："我只是一个妓女，即便是和太守欢好，也不会有死罪。招认了，也没什么大不了。可是天下的事，真就是真，假就是假，怎么能信口雌黄呢？我宁可被打死，但是要我诬陷别人，断然不成！"两月之间，严蕊多次受刑，但始终坚贞不屈。

后来孝宗轻描淡写地处理了这起案件，还把朱熹调职。接替朱熹的，是岳飞的一个儿子，叫岳霖。

岳霖很同情严蕊的遭遇，就把她从牢中放了出来，对她说："我听说你会填词，你不妨把自己的心事填一首词告诉我。"严蕊随即口占一首《卜算子》：

不是爱风尘，
似被前缘误。
花落花开自有时，
总赖东君主。

去也终须去，
住也如何住？
若得山花插满头，
莫问奴归处！

这首词填得情真意切，充分表达了被侮辱被损害者的心声，以及脱离官妓生活，去做"山花插满头"的良家农妇的愿望。岳霖非常感动，当即判令严蕊落去妓籍。

这个被小说家极力渲染的故事，当然是一起冤案。而像这样的"冤案"，宋慈也是"洗"不了的。

根据现在的研究，朱熹弹劾唐仲友的全部罪行属实，而所谓"严蕊冤案"则是杜撰的。现实中的唐仲友，违法虐民、贪污腐化；而严蕊也是招供了的，她承认多次与唐仲友发生不正当关系。也就是说，严蕊一案的事实和小说故事里的截然相反。因此对于朱熹来说，这是一件"历史的冤案"。

这起案件中有一个关键人物，就是宰相王淮，他的一句"秀才争闲气"，改变了案件的性质，使得唐仲友免去了罪责。他为什么这么做呢？因为他和唐仲友不仅是同乡，而且是姻亲，而朱熹甚至连这个人物也得罪了。在唐仲友案的前一年，朱熹曾直言批评王淮，说他为官不够清正，这种道德评价王淮受不了。唐仲友案结束后，王淮就指使亲信上书孝宗，说朱熹是欺世盗名的假道学家，给朱熹带上了一顶"虚伪"的帽子。十多年后的庆元二年（1196年），有人借这顶帽子，诬陷朱学为"伪学"，请求朝廷禁绝；还列举了朱熹的十大罪状，请求斩朱熹之首，以绝朱学。这件事后来演变成著名的"庆元党禁"，朱学被禁了十五年之久。对朱熹来说，这是一桩"现实的冤案"。

无论是历史的还是现实的"冤案"，宋慈都是不可能"洗"去他祖师爷的这个"冤"的。

那么宋慈究竟能洗什么"冤"呢？

在《洗冤集录》的序言里，有这样一段话：

> 慈四叨臬寄，他无寸长，独于狱案，审之又审，不敢萌一毫慢易心。若灼然知其为欺，则亟与驳下；或疑信未决，必反覆深思，惟恐率然而行，死者虚被涝漉。

第四讲 著述集录

无论是历史的还是现实的"冤案"，宋慈都是不可能"洗"去他祖师爷的这个"冤"的。

宋慈洗冤

这段话的意思是说：我曾四任提刑官，别的本事没有，唯独在断案上非常认真，必定要查了再查，不敢有一丝一毫的马虎。如果发现案情中存在欺诈情节，必然厉言驳斥矫正，绝不留情；如果有谜团难以解开，也一定要反复思考找出答案，生怕独断专行，让死者死不瞑目。

这就表明，宋慈是审理具体案件的，他要洗的是这样一些一般刑事案件的冤屈。其他的"冤案"，他既不想洗，也没有能力去洗。

> 这就表明，宋慈是审理具体案件的，他要洗的是这样一些一般刑事案件的冤屈。其他的"冤案"，他既不想洗，也没有能力去洗。

这一讲，我们说的是宋慈"博采近世所传诸书"，写了一本办案大全，这就是《洗冤集录》。这是古人探索用科学的手段和方法揭示案情真相的重要成果。那么，在《洗冤集录》里，究竟都记载了哪些科学的手段和方法呢？

请看下一讲《死因之断》。

第五讲 死因之断

古人为什么大多选择投缳自尽？

怎么区分是自缢还是他缢呢？

溺水身亡如何鉴别？

怎么救活焦仲卿和刘兰芝？

上一讲，我们说的是宋慈怎么编纂《洗冤集录》的。宋慈写这本书的目的，是要在刑事案件中，用科学的方法和手段来进行法医检验，从而揭示案情的真相。

那么，《洗冤集录》中到底记载了哪些科学的方法和手段呢？让我们从一首古诗开始。

……

其日牛马嘶，新妇入青庐。

奄奄黄昏后，寂寂人定初。

"我命绝今日，魂去尸长留！"

揽裙脱丝履，举身赴清池。

府吏闻此事，心知长别离。

徘徊庭树下，自挂东南枝。

两家求合葬，合葬华山傍。

东西植松柏，左右种梧桐。

枝枝相覆盖，叶叶相交通。

중有双飞鸟，自名为鸳鸯。
仰头相向鸣，夜夜达五更。
行人驻足听，寡妇起彷徨。
多谢后世人，戒之慎勿忘！

第五讲 死因之断

这是著名乐府诗《孔雀东南飞》的最后一段。《孔雀东南飞》叙述的是东汉建安年间，庐江太守衙门里的小官吏焦仲卿与妻子刘兰芝的爱情悲剧。两人本是恩爱夫妇，但兰芝为焦母所不容，被赶回娘家，娘家逼兰芝改嫁，兰芝不从，投水自尽，仲卿也自缢而死。两人用生命控诉了宗法礼教、家长统治和门阀观念的罪恶，表达了青年男女对爱情的忠贞和对婚姻自主的追求。

> 两人用生命控诉了宗法礼教、家长统治和门阀观念的罪恶，表达了青年男女对爱情的忠贞和对婚姻自主的追求。

让我们从哀婉缠绵的氛围回到现实中来。《孔雀东南飞》中说到，焦仲卿和刘兰芝分别是自缢和投水而死的。这件事发生以后，因为焦仲卿是太守府的人，所以庐江郡肯定是要过问的。那么，官府是怎么断定二人死因的呢？

古人为什么大多选择投缳自尽？

我们先来说自缢。

自缢是古人常见的自杀方式，甚至可以说是一种最主要的自杀方式。不仅平民百姓，就连九五之尊的皇帝，想要自尽时，也往往会选择这种方式，明朝的崇祯皇帝就是其中之一。

崇祯可以说是我国古代最勤政的皇帝之一。他十七岁即位，为江山社稷宵衣旰食、朝乾夕惕，以至于二十多岁就已头发花白，眼角长出鱼尾纹。但是这位如此勤政的皇帝却无力回天，大明王朝注定在他手上灭亡。

宋慈洗冤

崇祯十七年（1644年）三月十七日，李自成的起义军围攻北京城，崇祯开始准备后事。十八日晚，他命太监将三个儿子分别送往外戚家避藏，后来他们在乱军中不知所踪。崇祯又召来十六岁的长女长平公主，流着泪说："你为什么要降生到帝王家来啊！"说完用左袖遮脸，右手拔出剑来砍向女儿。长平慌乱中用左臂一挡，锋利的剑刃一下斩断她的手臂。长平一声惨叫，倒在血泊中。失魂落魄的崇祯以为女儿已经死了，就没有再管她，接着又杀了幼女昭仁公主。长平倒在血泊中，不过没有死。不久清兵入关，将她找到并予以善待。顺治二年（1645年），长平向顺治帝及摄政王多尔衮上书，请求出家为尼。清廷没有答应，反而让她与崇祯为她选定的驸马完婚。婚后不久，长平去世，死时已有五个月身孕。在民间传说中，后来的长平公主出家为尼，并且武功超绝，号称独臂神尼。金庸先生还以此为原型，创造了"九难师太"这样一位武林人物，写进他的小说《碧血剑》和《鹿鼎记》中。

崇祯让后妃们自尽。他哭着对周皇后说："你是国母，理应殉国。"周皇后也哭着说："陛下命妾死，妾怎么敢不死？"说完解带自缢而亡。崇祯转身对袁贵妃说："你也随皇后去吧！"袁贵妃哭着拜别，也上吊自杀，结果丝带断裂，自尽未成。崇祯见到，一连向她砍了好几剑。但是袁贵妃虽然重伤，最后也像长平那样死而复苏，后来清廷将她找到并赡养终生。崇祯处置完自己的后妃，又命令左右去催嫂子——天启帝的皇后张氏自尽。张皇后自缢，也没有死成。李自成入宫后救下了她，并派人保护，但张皇后最终还是自缢身亡。

十九日晨，北京内城失陷。崇祯得知这个消息，带太监王承恩登上了煤山寿皇亭。在这里，崇祯吊死在一棵树上，王承恩从死殉主，吊死在另一棵树上。这一天成为统治中国长达二百七十六年的大明王朝的亡国祭日，每逢此日，黄宗羲、顾炎武等明末遗民必沐浴更衣，面向北方焚香叩首，失声恸哭。

两天以后，人们才发现这位国君的尸体。起义军在尸体上搜出一封血书，上面写了这样几句话："朕死，无面目见祖宗，自去冠冕，以发覆面。任贼分裂，无伤百姓一人。"这是他留给李自成的遗言，大致的意思是说，我作为亡国之君，无颜见列祖列宗，只有取下皇冠，披发遮面，我的尸体任你分割，但求不要伤害无辜百姓。这话说得很感人，因为在古代，别说是一位至高无上的帝王，就算是孤苦伶仃的百姓，也希望自己死后留有全尸，使自己的灵魂得以安宁，但是崇祯身为一代帝王，为了维护百姓的安全，居然做出了"任尔分尸"的割舍，很不容易。

在这出国破家亡的悲剧中，崇祯和他的后妃们选择的了断方式就是自缢。

古人为什么普遍选用这样一种自杀方式呢？

这和古人的文化观念有关。先民们对身体的完整性非常重视，不容受到损伤。这种观念导致了早期的统治者在制定刑罚时，采用了大量破坏身体的方式，以达到惩戒的目的。《尚书》"吕刑"篇中，有一个关于刑罚起源的传说，说的是蚩尤作乱，并且制定了包括劓（割鼻子）、刵（割耳朵）、椓（割去男性生殖器官）、黥（在脸上刺字）和大辟（砍头）的"五虐之刑"来统治百姓。后来，在此刑罚方式的基础上，产生了先秦时期的五刑制度：墨（在脸上刺字涂墨）、劓（割鼻子）、剕（又称膑刑，断足或砍去膝盖骨）、宫（破坏生殖器官）和大辟（死刑，主要是砍头）。著名的军事家孙膑，就是在魏国被处以膑刑，然后以膑为名的。

无论是蚩尤的"五虐之刑"还是先秦的"五刑"，都是针对先民渴求身体完整的观念来设计的，说明这种观念的历史久远和在

第五讲 死因之断

> 先民们对身体的完整性非常重视，不容受到损伤。这种观念导致了早期的统治者在制定刑罚时，采用了大量破坏身体的方式，以达到惩戒的目的。

宋慈洗冤

民众心里的深厚积淀。进入封建社会，这种观念又被上升到理论的高度。《孝经》中说"身体发肤，受之父母，不敢毁伤，孝之始也"，把保持身体完整同是否"尽孝"联系在了一起。由此，统治者还发明了一种叫凌迟的酷刑来折磨囚犯的身心，对那些罪大恶极的犯人，把他们身上的肉一刀刀割去，让他们在极度痛苦中慢慢死去，并且死后也不能"尽孝"。在宋慈生活的南宋，"恤狱"的精神没有掩盖用法的苛酷，这种刑罚被正式列入刑律，此后这种刑罚一直延续到明清。崇祯冤杀大将袁崇焕，用的就是凌迟之法。这位忠贞的将领在临刑前，口占诗一首：

一生事业总成空，半世功名在梦中。

死后不愁无勇将，忠魂依旧守辽东。

但是朝廷再无"勇将"守边，《明史》上说"自崇焕死，边事益无人，明亡征决矣"，明王朝的覆灭只是时间上的事而已。

由于有了这样的传统观念，所以古人在结束自己生命的时候，会选择一种不毁坏遗体的方式，这样就可以使得尸体完整，完成"尽孝"意愿。古人常见的自杀方式有自缢、投水、服毒等，都是不损害身体完整性的，其中以自缢最为常见。

而在西方，自杀尤其是自缢是不被认同的。笃信基督的西方人认为，人的生命是上帝的恩赐，不能违背上帝的意志自行了结生命，所以自杀是一项重大的罪愆，自杀者不仅不能安葬在靠近上帝的教堂墓地，甚至尸体还要被处以侮辱性的惩罚。另外，按照《圣经》的记载，耶稣的第十二个门徒犹大出卖了耶稣，后来他良心发现，在一棵树上自缢身亡，所以基督徒即使是寻死也绝不会选择这样一种叛徒用过的方法。

> 由于有了这样的传统观念，所以古人在结束自己生命的时候，会选择一种不毁坏遗体的方式，这样就可以使得尸体完整，完成"尽孝"意愿。

不同的文化观念，影响了行为的选择。自缢，就是古代中国人自杀时普遍选择的一种行为方式。

对于自缢，官府究竟怎么来鉴别呢？

怎么区分是自缢还是他缢呢？

自缢的人有男有女、有胖有瘦，环境和地点也是千差万别。像焦仲卿，他和崇祯帝、太监王承恩是吊死在树枝上的，而崇祯的后妃们则是吊死在室内，或许是房梁上，他们甚至连结绳套的方式都不一样，怎么鉴别？

宋慈在《洗冤集录》里用了整整一节的篇幅，详细介绍了种种可能出现的情况及鉴别方法，他道出其中的关键：

> 喉下痕紫黑赤色或黑淤色，直至左右耳后发际。

宋慈认为，关键是要看自缢时的绳索在脖子上留下的勒痕。这道勒痕应该是深紫色的，而且一直延伸到左右耳后的发际，只有这样，才是真正的自缢身死。

为什么呢？我们以一个案子来说明。

清雍正十三年（1735年），在河南发生了一起案件。

有一对夫妻晚上休息，丈夫让妻子给他泡一碗茶喝。妻子动作慢了，丈夫很不高兴，开始骂骂咧咧，妻子也不甘示弱，顶嘴回骂。丈夫恼了，一拳打在妻子左耳上，把她打倒在地。妻子倒地后，还嘴硬，说："你爹妈怎么养了你这个野种！"丈夫顺手捡起地上的一根棒子，向妻子砸过去。妻子用手一挡，棒子砸在手上，她的手被砸伤，鲜血淋漓。丈夫赶上前去，照着妻子的脑门又狠

> 宋慈认为，关键是要看目缢时的绳索在脖子上留下的勒痕。这道勒痕应该是深紫色的，而且一直延伸到左右耳后的发际，只有这样，才是真正的自缢身死。

第五讲　死因之断

踹了几脚。妻子立马昏了过去，不久呼吸急促，接着一命呜呼了。

见妻子死了，丈夫害怕起来。为了逃避罪责，他伪造了现场。他把妻子手上的血迹擦干净，又给她换了一套衣服，把她放平整，然后用绳子在尸体脖子上用力锯勒，造成她自缢的假象。这一切做好后，他去死者家里报丧，说是妻子争吵后上吊自杀了。妻子家里来人一看，死者的头上、耳上和手上都有伤，这说明即便她是自杀也一定与老公打骂有关，于是马上到县衙报案。

县令带仵作到现场检验尸体，仵作检验出死者左耳、脑门致命部位有伤痕，脖子上"微有"勒痕。县令于是得出结论：这个丈夫殴打妻子后，又勒死了她，然后以"无故杀妻"之罪结案并上报府衙。知府看了案卷，觉得"微有"勒痕未必是致死的原因，于是派出仵作重新验尸。府衙来的仵作仔细验看了死者脖子上的勒痕，发现只是一道白痕，不是《洗冤集录》上说的那种紫色，断定是死后卡勒所致。知府提审丈夫，他的供述与仵作检验结果一致，确实是先殴打致死然后再以绳勒的。知府于是改判，将罪名改为"夫殴妻致死"，判绞监候。所谓绞监候，就是暂时监禁，留待来年秋审或者朝审再决定是否执行绞刑。

从这个案子我们可以看出，真自缢死和假自缢死，在勒痕的颜色上是不同的，自缢死后勒痕的颜色呈深紫色，而假自缢死只能造成一道白色或略深一点颜色的勒痕。这是为什么呢？因为血液循环受阻，所以自缢的人会在脖子下瘀血，勒痕颜色就会很深；而如果是死后吊上去的，他已经没有血液循环了，也就不会形成深紫色的勒痕。古人还没有血液循环的认识，所以只能从表象，也就是从勒痕的颜色来进行判断。然而从这个勒痕，我们就已经可以判断焦仲卿、崇祯帝他们的死因了。

《洗冤集录》记载的判别方法给后世的官吏们断案提供了一个

依据，只要熟读此书的官员，往往看到勒痕，就可以判明案情。

我们举个例子。清朝的时候，一次在山东平度县，有人报告说村里有一个不知名的人自缢身死。县令到了现场，仔细查看了死者的脖颈，然后问村长："你们村子里有几户人家？"

村长说："十一户。"

"他们都在家中吗？"

"不是，有一户父子二人赶集去了。"

"好，等他们回来，你把他们叫到大堂。"

等那父子二人到了大堂，县令一拍惊堂木，问："你们为什么要搬动尸体，伪造现场？"

父子二人吓了一跳，说了实话。原来二人早上出门，却发现一个人吊死在门口，他们怕担干系，连忙把尸体移走，又挂了起来，然后赶集去了。他们本以为做得神不知鬼不觉，却不料被县令一眼看破。

县令是怎么发现的呢？说穿了也不奇怪。他看到尸体脖颈处有两道勒痕，一道深紫色，一直延伸到耳后，说明此人系自缢而死；另外一道颜色很浅，说明是死后被移尸了。

由于后世《洗冤集录》流传很广，影响很大，对于自缢鉴别的内容又写得很详细，这就给看过这本书的人伪造现场提供了可能。清道光年间一本叫《客窗闲话》的书中，记载了这样一件事：

某甲家境小康。他的表兄是个剩男，又穷又无赖，时常向某甲借钱，却又老是赖着不还。一年冬天，表兄又来借钱，说要借一百贯铜钱还债。某甲忍无可忍，就把表兄赶了出去，也不借钱给他。不料表兄这次还真是欠了一屁股债，他急了，就在屋外高声叫骂，某甲在屋里也不睬他。表兄骂了一会儿，看表弟不理不睬，也觉无趣。他想想自己实在无法面对债主，一时想不开，"遂

第五讲　死因之断

> 由于后世《洗冤集录》流传很广，影响很大，对于自缢鉴别的内容又写得很详细，这就给看过这本书的人伪造现场提供了可能。

宋慈洗冤

缢于檐橼之下"，意思是就在某甲家的屋檐下上了吊。

某甲在屋里听不到骂声了，就从后门绕出来看看表兄走了没有，却见一具尸体挂在那儿，不禁大惊失色。表兄死在这儿，他怎么也摆脱不了干系，以后官府敲诈、地保讹诈，那是没完没了，怎么办呢？幸好这时天色已晚，天寒地冻的也没人走动，没人发现这件事。他赶忙回家，拿了一笔重金，跑到当地一位很有名的讼师那儿，请他想想办法。

那个讼师正在家和几个朋友玩叶子戏（明清时的一种纸牌），听了某甲述说，淡淡地说："予戏大负，无暇虑也。"讼师明里是说，我打牌都打输了，哪有心情管你的闲事，其实话里有话。

某甲心领神会，赶忙把带来的银钱奉上。讼师接了钱，登时眉开眼笑，他对某甲说："你赶快回去把尸体解下来，注意千万别让人看见了，然后你再到我这儿来，我教你怎么做。"

某甲回到家，把尸体解下来，放进屋里，然后又跑到讼师那儿。讼师打牌正起劲，见到某甲来了，吩咐他坐下来观战。某甲哪有这个心情？瞅个空就问讼师下一步该怎么办，讼师也不睬他。

到了后半夜，讼师才对他说："你赶快回去，把尸体再按原样吊起来。"

某甲大惊，说："您这不是害我吗？我这么挂上去，明天大家不就都知道表兄是死在我家了吗？求求您告诉我怎么才能消灾躲祸吧！"

讼师很不高兴，对他说："汝违吾教，看汝破家也。"意思是说，你要是不按我说的办，那就等着家破人亡吧！

某甲很害怕，想想也没有别的办法，就跑回家把尸体原样地挂了起来，然后又跑到讼师那儿。

讼师笑了："你跑来跑去，不怕麻烦啊。我告诉你，明天早上有人敲门，你一定不要开门，等到县令来了，你才能把门打开。如果县令盘问，你只要恳求他验尸就行了，什么话也不要辩解。回去好好睡觉吧，我早安排好让你脱身的妙计了。"

某甲遵照讼师的教导，回到家紧闭上大门。

第二天一早，人们就发现了尸体。地保来敲门，某甲在里面怎么也不应答，地保就去县衙报案。县令来到现场，命令仵作检验尸体，他自己也看了一下，然后让衙役打门，某甲这才出来。

县令问他："你认识这个人吗？"

某甲假模假样去看了一下，然后答道："回大人，这人是小人的表兄，不知为什么死在小人家门口。"

"你和他有仇吗？"

"没有。"

旁边的衙役和地保知道某甲家中有钱，想趁机讹他一笔，赶忙禀报县令说："启禀老爷，死者是某甲的亲戚，平时经常向他借钱，这肯定是某甲讨债威逼所致。"

县令冷笑，说："尸体脖颈上有一深一浅两道勒痕，明显是死后有人移动尸体。我正在奇怪移尸的目的，原来是讹诈！既然你们指称某甲逼死表兄，看来这事一定是你们干的！"他喝令左右把打小报告的衙役和地保拿下，当场杖责一顿。

回过头来，县令对某甲说："既然是你亲戚，你就出点钱，买一副棺材把他埋了吧。"

事情就这么结束了。

在这个案子中，讼师故意让某甲把表兄的尸体取下来又挂上去，造成一深一浅两道勒痕。他知道县令在验尸的时候一定会看到，进而怀疑有人移尸；他也知道有人一定会借机讹诈，这样一来，县令就自然推断出是讹诈的人移的尸，这就使某甲摆脱了嫌疑。

宋慈洗冤

虽然讼师用了诡计,但总算帮了一个无辜的人,让他免于倾家荡产,也算是做了一件好事。

在《洗冤集录》里,宋慈还指出,在处理自缢案件的时候,还要注意现场的一些细节,这样也可以帮助破案。例如,他写了这样一句话:

> 若经泥雨,须看死人赤脚或着鞋,其踏上有无印下脚迹。

他说,如果是下雨天,验尸时应该注意死者是否曾经从泥泞处走过,应该看看他是赤脚还是穿鞋,垫脚上吊的物品上有没有留下脚印。当然,死者如果从泥泞地走过,那他上吊时蹬踹的垫脚物一定会留下脚印;反之,就很可疑,甚至说明死者可能根本不是自缢死亡的。

清朝的时候,山东某县发生了一个案子。

当地有甲乙二人,素来不睦。甲和妻子吵架,妻子一时想不开,就悬梁自尽了。甲开始有些疼惜懊恼,继而一想,何不趁机嫁祸给乙,出出胸中的恶气呢?于是他乘着雨夜,把妻子的尸体背到乙家门口,挂在他家的门楣上。

第二天一早,乙起床开门,看见一具尸体挂在门前,登时吓得瘫软在地。正在这个时候,甲假装寻找妻子,来到乙家门口,他抚尸嚎啕大哭,无论乙怎么解释,还是到县衙报了案。

县令闻报,亲自跑到现场。他验看完尸体后,开始询问甲乙等当事人。

甲说:"我和乙素有交往,只因家境贫寒,昨天晚上就让妻子去乙家借米。今天早上起来,我看到妻子还没有回来,就跑来乙家,发现妻子已经吊死在他家门口了。一定是乙把我妻子逼死的,望大人明察！"

乙听到甲的控诉，惊恐异常，却又无法辩白，只是不住地磕头喊冤。

县令对乙说："你不必惊慌，此事与你无关。"转过头，他对甲说："是你把尸体移到乙家门口的。"

甲吃了一惊，连呼冤枉。

县令冷笑着说："你不必装可怜，我自会叫你心服口服。昨天通宵大雨，地上泥泞不堪，如果你妻子真是像你所说的那样跑到乙家借米，她的脚上一定沾满泥泞。可是你看，她的脚很干净，这说明她根本没有来过。一定是你妻子在家自缢，然后你把尸体移过来嫁祸给乙的！"

甲无话可答，只有俯首认罪。

这个县令就是根据宋慈在《洗冤集录》中的提示，注意了现场，特别是死者脚部无泥泞的细节，再根据当事人的陈述，一举破案。

宋慈在《洗冤集录》中还说，要注意观察，以揣摩出自缢者的心理。比如说要看看死者衣服的新旧，因为一个决定去死的人，他可能会换上新的或者好一点的衣服，这样他的"死相"也不会很难看，到了阴间也不会衣衫褴褛。宋慈还说：

第五讲　死因之断

> 这个县令就是根据宋慈在《洗冤集录》中的提示，注意了现场，特别是死者脚部无泥泞的细节，再根据当事人的陈述，一举破案。

　　若真自缢，开掘所缢脚下穴三尺以来，究得火炭即是。

意思是说，如果尸体脚下有一个坑，验尸的时候往下挖能见到木炭或灰烬，就说明死者一定是自缢。

这是什么意思呢？

古人大多是把死者装进棺材，然后土葬的。在下葬前，人们会在挖好的土坑中烧芝麻秆一类的东西进行"焙窑"，意在营造一方热土，让死者可以尽快投胎转世，来生芝麻开花节节高，一世比一世活得更好。自缢的人，虽然要了却今生，但也希望自己的脚下是一方热土，以便尽早转世投胎，所以他会先在地下挖一个坑，烧些木炭，然后用土掩埋，意在"暖坑"，然后在上面从容自缢。这个风俗在闽北一带仍有沿袭。宋慈在长期的法医检验实践中，注意到了当时的民俗文化对自杀心理的影响，将其写进了《洗冤集录》中。

这也提示官吏们，应当注意了解当地的风俗习惯、乡约民俗，这对处理案件大有裨益。

溺水身亡如何鉴别？

接下来我们说说溺水身亡的事。

其实在历史上，投水自杀最有名的，不是刘兰芝，而是大诗人屈原。

屈原胸怀大志，希图振兴楚国，却遭到楚王的疏远和流放。公元前278年，秦国大将白起率军南下，攻破了楚国国都。屈原的政治理想破灭，他对前途感到绝望，只得以死明志，就在同年五月初五前后"怀石"（抱着石头）投汨罗江自杀。

可能是因为屈原是抱着石头投水的，所以他的遗体没有被打捞上来，百姓们就纷纷拿来米团投入江中，以免鱼虾糟蹋了屈原的尸体。据说这就是端午节吃粽子习俗的由来。

不过，据《孔雀东南飞》上所说，刘兰芝的遗体是被打捞上来了。

那么，官府怎么能确定刘兰芝是自杀的呢？

其实这种事即便对宋慈来说也有点头疼。因为投水的情况很复杂，有自己跳水的，有失足落水的，也有被人推入水中的，还有的是死后被抛入水中的。在当时的科技水平下，要从这么多种情况中确定死者是否是自杀还是相当困难的，所以宋慈只得说：

> 大抵水深三四尺皆能淹杀人，验之果无它故，只作落水身死，则自投、推入在其间矣。

在通常情况下，河水三至四尺深就能淹死人。宋慈说，勘验现场时如果找不到其他痕迹和身体损伤，就只能认定是"落水身死"，这就是说，包括了"自己投河"和"被推入河"这两种情况。

所以，要断定刘兰芝是否是投水自杀，必须根据尸检结果，再结合官府调查到的其他一些情况，综合进行判定。而仅凭法医检验是不能直接得出刘兰芝是自杀的结论的。

溺水的死者是什么样子的呢？《洗冤集录》上说：

> 若生前溺水尸首，男仆卧，女仰卧。头面仰，两手两脚俱向前。口合，眼开闭不定，两手拳握，腹肚胀，拍着响。两脚底皱白不胀，头髻紧，头与发际、手脚爪缝或脚着鞋则鞋内各有沙泥，口、鼻内有水沫及有些小淡色血污，或有搕擦损处。

意思是说，溺水而死的，男尸在水中呈俯卧状，女尸呈仰卧状。通常，尸体头部仰抬着，两手脚前伸，嘴闭合，两眼或睁或闭，两手握拳，上腹部膨胀，拍起来有响声。尸体脚底发白，皮皱而不胀，头上发髻不散，头发丛、手脚指（趾）甲缝及鞋里都有泥沙，口鼻有许多带有血性的泡沫溢出，有的尸体上还有擦伤痕。

第五讲 死因之断

所以，要断定刘兰芝是否是投水自杀，必须根据尸检结果，再结合官府调查到的其他一些情况，综合进行判定。而仅凭法医检验是不能直接得出刘兰芝是自杀的结论的。

宋慈洗冤

这些都是古代法医经验的总结。特别是宋慈说溺水后的尸体会"男仆卧，女仰卧"，这是怎么回事呢？直到现在，我们才给出了科学的解释。原来男女的骨盆大小是不同的，这使得男女的重心有所不同，在水的浮力作用下，才造成了这种现象。

当然宋慈在这里所说的，只是落水不久后的情况，尸体各个部位还比较完整，能够加以辨别。如果尸体在水中时间长了，腐烂了，只剩下一具骷髅，那该怎么办呢？宋慈也有办法。《洗冤集录》里有这样一段：

> 乃取髑髅洗净，将净热汤瓶细细斟汤灌，从脑门穴入，看有无细泥沙屑自鼻孔窍中出，以此定是与不是生前溺水身死。盖生前落水，则鼻息取气，吸入沙土；死后则无。

这就是宋慈让骷髅说话的方法。他说，要洗干净颅骨，把清洁的温水从囟门慢慢倒入，看有没有泥沙从鼻孔流出来，以此来判定死者是否是溺水身死的。宋慈解释说，凡是溺水死亡的，会在水中挣扎吸气，他搅动了水底的泥沙，并且吸入鼻腔，继而保留在颅骨里。

有了这个办法，无论尸体的情况如何，官吏们都可以据此断案了。

清朝的时候，就有这样一个活学活用的案子。

某甲在南昌城外开了一家布店，因为生意好，还雇了两个伙计。

一次，某甲的妻子出门，回家后却发现老公死在床上。她问伙计，伙计说是暴病身亡。甲妻有点不信，又问儿子。儿子这时才十岁，不甚懂事，他只记得晚上吃饭的时候老爸还挺精神，第二天早上就没气了，却说不出死因。甲妻很是怀疑，就以丈夫死因不明告到县衙。

县令闻状，就带着仵作前来验尸。仵作勘验的结果，死者面部微呈黄白色，遍体并无伤痕。县令盘问两个伙计，他们的回答也没有什么可疑之处。看来某甲可能真的得了不明怪病，以致一命呜呼了。

但是甲妻很执拗，她总觉得老公死得蹊跷，就向上申诉。上面批文下来，要县令重新检验。县令拿着公文很是作难，这该怎么办呢？

师爷给县令出了一个主意，让他礼聘邻县的一位有名的仵作，看看他有没有办法。

那个仵作来了，县令把案子详细讲述给他听后，问他："《洗冤集录》上讲的死亡情况，我都考虑了，也没发现什么问题，难道还有什么这本书上没有记载的谋杀方法吗？"

仵作并没有立即回答，他把验尸报告仔细看了几遍，这才对县令说："这是谋杀。"

"什么？谋杀！那罪犯用的是什么方法？"

"回大人，这叫石灰罨死法，《洗冤集录》上也没有记载。"

"那罪犯是怎么杀人的呢？"

"罪犯杀人的方法，是先在水缸中装满水，然后把石灰放进去搅拌，等混合好了，再把被害人捆住，把他的头按入水中，被害人片刻即死。死者尸体并无损伤，只是脸部微呈黄白色，和病死的样子差不多。"

"罪犯作案不会在现场留下什么痕迹吗？"

"被害人的口鼻会流血，但是遇到石灰水就止住了，流出来的血也会被石灰消解，不会留下任何痕迹。"

"怎么检验呢？"县令着急地问。

宋慈洗冤

仵作笑了："大人熟读《洗冤集录》，您忘了那个洗颅骨的方法了吗？"

一句话提醒了县令，他马上按照《洗冤集录》上的方法，对某甲的颅骨进行检验，果然发现无数灰滓。

县令将有重大嫌疑的两个伙计抓来。在事实面前，他们承认了杀人的罪行，作案动机是垂涎某甲的钱财。

凶犯用石灰水将人溺杀，了无痕迹，如果不是仵作见多识广，又能对《洗冤集录》中的方法灵活运用，恐怕真会让凶犯逍遥法外了。

我们由此可见《洗冤集录》在法医检验方面所取得的成就。不过，《洗冤集录》最有价值的地方，可能还不在于判断死因，而在于它记载的关于自缢和溺水者的抢救方法，这也使《洗冤集录》闪耀着人性的光辉。

> 不过，《洗冤集录》最有价值的地方，可能还不在于判断死因，而在于它记载的关于自缢和溺水者的抢救方法，这也使《洗冤集录》闪耀着人性的光辉。

怎么救活焦仲卿和刘兰芝？

焦仲卿和刘兰芝可以救活吗？

回答是肯定的。只要发现及时，完全可以救过来，避免悲剧的发生。

怎么救治呢？

我们先说焦仲卿。

焦仲卿是自缢身亡的。对于自缢，《洗冤集录》上有一套完整的解救方法，按照宋慈的话去做，就可以使自缢者脱离危险。

具体来说，有这样几个步骤：第一步，抱住自缢者的身体慢慢解开绳结，然后把自缢者仰面放在地上。第二步，一个人抓住自缢者的头发，用脚蹬住他的肩膀，让他的头抬起来。第三步，一个人用手按摩自缢者脖子和胸部，特别是他被卡勒的喉部，帮助活血。第四步，再找一个人按摩和拉伸自缢者的四肢，然后按摩腹部。这样大概一顿饭的工夫，自缢者就能缓过来。这是宋慈总结出的一整套方法，大概他自己也经常用，很有效果，所以他说："若依此救，无有不活者。"非常自信。

而对于溺水，《洗冤集录》总共记载了九种抢救方法，都可以把人救过来。

所以，焦仲卿和刘兰芝自杀，如果发现及时，抢救得法，是完全可以救治的。但是悲剧还是发生了，留给后人无尽的叹息。

我们从中也可以体会宋慈的心意。他把这些"不相干"的内容都写进《洗冤集录》，为的是让后世的官吏们多救人，少验尸；让他们和自己一样，有一颗真诚的爱民之心，成为一个循吏。如果真是这样，世上哪有多少"冤"要"洗"呢？

这一讲，我们以《孔雀东南飞》中的焦仲卿和刘兰芝为例，介绍了《洗冤集录》中对于中国古代最常见的自杀方式——自缢和投水的鉴定方法。宋慈特别对自缢和投水的救治方法进行了总结，还写进了书中，表现出一个循吏对于百姓生命的尊重和关注。那么，《洗冤集录》还记载了哪些法医检验的方法呢？

请看下一讲《蒸骨奇法》。

第五讲 死因之断

> 我们从中也可以体会宋慈的心意。他把这些"不相干"的内容都写进《洗冤集录》，为的是让后世的官吏们多救人，少验尸；让他们和自己一样，有一颗真诚的爱民之心，成为一个循吏。

第六讲 蒸骨奇法

《洗冤集录》提示了哪些检验细节？
尸骨可以断案吗？
如何「蒸骨」？
什么是「检地」绝技？

> 宋慈不仅给出了鉴别的方法，还总结出一套急救的程序，彰显出他的人本主义思想。

上一讲，我们说的是自缢和投水这两种自杀情况的"死因之断"。宋慈不仅给出了鉴别的方法，还总结出一套急救的程序，彰显出他的人本主义思想。

那么，《洗冤集录》中还记载了哪些法医鉴定方法呢？

《洗冤集录》提示了哪些检验细节？

在《洗冤集录》里，宋慈写了这样一句话：

> 如男子，须看顶心，恐有平头钉。粪门恐有硬物自此入。

他说，如果一具男尸全身都没有伤痕，那就要检查头顶，看看有没有铁钉；或者看看肛门里有没有被插入坚硬的东西。

人的头顶心是可以致命的地方，凶手可以在此处下手伤人性命，这是宋慈依据古籍总结的一个经验。我们以他集录的《折狱龟鉴》中的一个案例来说明。

第六讲 蒸骨奇法

宋真宗时，礼部尚书张咏曾出任益州知府。

有一次外出，他经过一条小巷，听见有女人的哭声。他听了一会儿，觉得那女子"惧而不哀"，也就是在干嚎，一点儿也没悲伤的意思。他觉得很奇怪，就打发人去询问。手下一打听，那女人说是自己老公突然得急病死了，正在哭丧。得到手下回报，张咏很是怀疑，就派一名官员去调查此事。

那名官员对尸体进行了检验，但是查不出一点头绪。上司交代的事没有办好，他有点着急。妻子看见了，问他是怎么回事，官员就把这件事情告诉了她。妻子听完笑了，对他说："你可以查看一下尸体的头顶，一定能发现问题。"

官员依照妻子的指点，扒开死者的头发，果然看到一枚大铁钉深深地钉在脑门上。案件告破，这名官员很高兴，他觉得老婆很有能耐，就把事情原原本本向张咏做了汇报，将妻子炫耀了一番。

哪知张咏听后，沉思了一会儿，问这个官员："你结婚的时候，妻子是处女吗？"

这话让官员很尴尬，但是上司问话，不好不答，就红着脸说："我妻子是二婚，她的前夫得病死了。"

张咏说："一个闺中弱质，哪会有这样的见识？这里面一定有问题！"他派人把官员妻子前夫的墓打开，那尸体已经化作白骨，但是一枚铁钉赫然钉在死者的头颅里。原来这个女人也是用这个办法害死了前夫，她听到后夫谈说案情，不觉点出其中关键，同时也暴露了自己的罪行。

古人是留长发的，而且会用头巾或发簪把头发束紧，这样仵作在验尸的时候往往就会忽视，造成漏检，遗漏重要信息，所以宋慈特别写下来，提示官员们注意。

宋慈洗冤

另外，死者的肛门处也是容易遗漏的地方。因为在一般人看来，肛门是很肮脏的，而且又在人体隐秘部位，所以检验的时候不免有所疏漏，但这个地方，可能就是致命伤所在。如果有硬物从这个地方捅入，很容易造成人内脏出血而死。清朝的时候，甚至还出现过将爆竹在肛门处燃放致人死亡的案件。

乾隆二十七年（1762年），江西会昌县一个叫钟仪陶的与人通奸，结果被抓住。女方家里人本打算将钟仪陶扭送官府，但是清朝的法律规定对通奸罪只是施以杖刑，他们觉得不解气，就想先惩治钟仪陶一番。怎么惩治呢？他们把钟仪陶的裤子扒下来，把一个大号的爆竹塞进他的肛门，然后点燃。轰的一声响过以后，钟仪陶惨叫一声，两脚一伸，突然死了。女方家的人这才慌了神，赶忙报官。

仵作检验，钟仪陶肛门碎裂，左右臀都有大面积冲击伤，确定为爆竹火冲伤致死。

在肛门燃放爆竹为什么会置人死地呢？爆竹置人死地，不是因为爆竹炸裂造成的身体损伤，而是气流。因为爆竹在肛门燃放后，会瞬间产生一股强大的反冲气流，这股气流冲向肠道，严重损伤直肠，导致损伤性休克而亡。这种情况，与用硬物插入肛门有些类似。

《洗冤集录》还记载了一些很特异的死亡现象，如车轮抮死（压死）、雷震死、酒食醉饱死等，给后世的官员断案提供参考。特别是雷震死，宋慈详细描述了被雷电击死者的尸体特征，留下了现今最早的法医学记录。

《洗冤集录》里面说：

> 凡被雷震死者，其尸肉色焦黄，浑身软黑，两手拳散，口开眼突，耳后、发际焦黄，头鬓披散，烧着处皮肉紧硬

> 特别是雷震死，宋慈详细描述了被雷电击死者的尸体特征，留下了现今最早的法医学记录。

而挛缩，身上衣服被天火烧烂。或不火烧。伤损痕迹多在脑上或脑后，脑缝多开，鬓发如焰火烧着。从上至下，时有手掌大片浮皮，紫赤，肉不损，胸、项、背、膊上或有似篆文痕。

第六讲　蒸骨奇法

这段话的意思是说，被雷击死的尸体，皮肤焦黄，全身变软、发黑，两手放在两侧，口张眼突，耳后发际呈焦黄色，头发披散，被雷电烧着处皮肉紧硬而挛缩，身上衣服被雷火烧烂（或没有烧）。雷击伤损痕多在头顶部和后枕部，颅缝多开裂，耳前两鬓发像被火焰烧着一样。从头到脚都可见到手掌大小的紫红色皮肤改变，肌肉没有损伤，胸部、颈部、背部、胳膊上可见到类似篆文的痕迹。

什么是篆文呢？篆文是我国篆、隶、楷、行、草这五种字体中出现和发展得最早的一种，它又分为大篆和小篆。广义的大篆包括商周时期的甲骨文，刻铸在青铜器上的金文，以及出现于西周晚期后来通行秦国的籀文和齐、楚、燕、韩、赵、魏这些国家分别使用的文体，我们统称"古文"。小篆则是秦始皇"书同文"以后，在秦代通行的篆书。无论是大篆还是小篆，都是很古老的文字，这些文字在被雷电击死的尸体上出现，对古人来说是一件不可思议的事，这就为雷击事件增添了一丝神秘和恐怖。难道真的是死者所作所为罪大恶极，以致触怒上苍，于是天降雷火把他打死，还在尸体上留下篆文，把他的罪行昭示世人？

这当然不可能。现代科学早已揭示了篆文痕迹的真相，它其实就是雷电击中人体后，在皮肤上出现的雷电击纹。这种雷电击纹呈树枝状，在形态上确实有点像篆文。所以，被雷电击中只是一次意外，一次偶然事件，跟这个人的所作所为一点关系也没有。

> 现代科学早已揭示了篆文痕迹的真相，它其实就是雷电击中人体后，在皮肤上出现的雷电击纹。这种雷电击纹呈树枝状，在形态上确实有点像篆文。

宋慈洗冤

> 不过,《洗冤集录》上说的篆文痕迹倒是人被雷电击中的典型特征,这就给后来的官吏们处理类似案件提供了一个指导。

不过,《洗冤集录》上说的篆文痕迹倒是人被雷电击中的典型特征,这就给后来的官吏们处理类似案件提供了一个指导。

乾隆四十一年(1776年),在江西云都县,发生一起命案。一个叫赖鼎的监生,死在书房里。监生,就是国子监学生的简称,国子监则是明清两代国家的最高学府。一个大学生不明不白死了,官府自然要追查死因。

官员来到现场,看到赖监生死得很惨,全身焦黄,像被火烧了一样,躺在那儿连衣服都没穿。他仔细勘验现场,看到里间屋子房顶从外向里被击破了,还能闻到一股硫黄的味道。这时候仵作来报,说赖监生的腹部有一片烧伤,上面有类似篆文的痕迹。

有了篆文痕迹,再结合现场勘验,官员得出结论:这是一起雷电伤人案。雷电从里屋进入书房,击在赖监生身上,把他的衣服都烧光了,赖监生也被打死,还在他腹部留下了篆文痕迹。

这起离奇死亡案告破。而同样在清朝,还发生了另外一起案件。

雍正十年(1732年)六月的一个晚上,河北献县突然风雨交加,雷电大作。第二天,有人到县衙报案,说县城西面有个村民被雷电所击,死于非命。

县令带着仵作去现场进行了勘验,确定为雷电所伤,他叫死者家属殓葬,并宣布结案。

过了半个多月,县令忽然拘捕了一个人。在大堂上,县令问他:"你买火药干嘛用?"

那人说:"我用火铳打鸟。"

"打火铳每次不过用几钱火药,你每天最多也就用一两左右,干嘛一次买二三十斤火药?"

那人说："我想多用几天。"

"我查过，你买火药只有一个月左右。这个月你满打满算也就用了一两斤，那剩下的火药你放哪儿去了？"

那人答不上来。

县令冷笑一声："是在城西制造了一起爆炸案吧。"

那人一惊，瘫软在地。县令随即审讯他，那人供述，自己与村民之妻有奸情，就买来火药乘着雷雨天把村民炸死，然后伪造成雷电击死的模样。

有人问县令："您是怎么发现现场是伪造的呢？"

县令说："我勘验了现场，发现屋顶有个洞，但是这个洞的破口方向是朝外的；另外，在烧焦的尸体身上也没有发现篆文痕迹，说明这个村民不是被雷电打死的。现场有浓浓的火药味，应该是有人用火药把村民炸死的；而且他还用了很多火药，因为屋顶都被炸了一个洞。"

"那您当时为什么就宣布结案了呢？"

"我宣布结案是为了争取调查时间。这个爆炸案用了很多火药，需要调查火药的来源。配置火药须用硫黄，现在正值盛夏，不是燃放鞭炮的时候，所以买硫黄的人很少。我让人到市场上调查最近谁买了大量的硫黄，然后再询问用硫黄配置火药的工匠把火药卖给了谁，转了一圈，才找到这个奸夫。"

这位献县县令，就是在勘验现场的时候，发现与《洗冤集录》上记载的情况有出入，从而发现了疑点。由于一时没有线索，为防嫌犯逃逸，他用了一招缓兵之计，让那奸夫以为已经蒙混过关。殊不料县令事后按疑点进行推理，详加调查，终于抓住了奸夫。

我们前面说的这些，都是尸体在死亡现场被发现，保存得比

第六讲　蒸骨奇法

这位献县县令，就是在勘验现场的时候，发现与《洗冤集录》上记载的情况有出入，从而发现了疑点。

宋慈洗冤

较完整，有明显特征可以鉴别。那么，如果尸体腐烂甚至只剩下一具骸骨了，宋慈还有没有办法进行检验呢？

尸骨可以断案吗？

《洗冤集录》有将近两节的篇幅，详细描述了人体骨骼结构、各部位的名称和相互连接情况，还配有插图，便于检索。

宋慈的描述，现在看来还很幼稚，甚至有不少错误。例如他说：

> 人有三百六十五节，按一年三百六十五日。

认为人全身的骨骼数目和一年的天数是一样的，这当然是不正确的。依据现代解剖学知识，人的全身骨骼一共是二百零六块，所以宋慈错得有些离谱。不过，这个错误不是宋慈一个人的，而是古人共有的错误。我国现存最早的中医典籍《黄帝内经》上就说："节之交，三百六十五会。"这句话的本来意思，是说人体的腧穴分布在周身关节交会之处，有三百六十五个，但是后来被人们理解为描述人体骨骼的数目了。而古人因为科技水平和世俗观念的影响，并不能进行人体解剖，所以这个错误一直延续到近代西方医学传入中国后才纠正过来。

宋慈对于人头骨的描述很有意思。他说，一般人头的后部有八块骨头，女人是六块，但是蔡州人却有九块。这当然也是错误的。事实上男女的头骨数目是一样的，偶有不同，也是异常现象，并非普遍。而他说蔡州人有九块骨头，则是一种偏见。

宋慈所说的这第九块骨头，是枕骨，这是人后脑的一块骨头，也叫"后山骨"。枕骨上面突出处，称为"脑杓"；下面突起的，称为"完骨"。有些人枕骨隆起，从侧面看他们的头像，就像一个刻意夸张了的问号，民间称之为"反骨"。

很多人都长有"反骨"，据说李世民、李自成就有。不过，人们最熟知的，还是《三国演义》中提到的蜀国大将魏延。关羽取长沙时，老将黄忠没有用百步穿杨之箭射杀他，被太守韩玄推下问斩。就在这时，魏延挥刀杀了刀斧手，救下黄忠。他又奔上城头，把韩玄砍成两段，然后随黄忠投降了关羽。然而，当关羽引魏延晋见刘备时，一旁的诸葛亮却喝令"推下斩之"。刘备问其故，诸葛亮说："吾观魏延脑后有反骨，久后必反，故先斩之，以绝祸根。"后来刘备求情，魏延保住性命，却也没有受到重用。诸葛亮死后，魏延果然反了，被受军师遗命的马岱斩于军前。《三国演义》在此处有这样一首诗：

诸葛先机识魏延，已知日后反西川。
锦囊遗计人难料，却见成功在马前。

《三国演义》安排这一情节，是为了证明诸葛亮具有识人的本领，作者所依据的，就是"长反骨者必反叛"的民间观念。

这种观念对宋慈也有影响。他所说的"蔡州人"，就是南宋的敌国金人。金国在最后几年，曾迁都到蔡州（今河南汝南），在那里被蒙古军队攻灭，所以宋人也称金人为"蔡州人"。宋宣和四年（1122年），宋金订立盟约，约定联合灭辽后，金归还宋燕云十六州之地。但是辽灭亡后，金仅归还宋六州，并且洗劫一空；后来金人又挥戈南下，攻陷汴梁（今开封），虏走徽、钦二帝，北宋灭亡。宋人引以为耻，认为金人是背信弃义，于是民间就有"金人

第六讲　蒸骨奇法

> 有些人枕骨隆起，从侧面看他们的头像，就像一个刻意夸张了的问号，民间称之为"反骨"。

宋慈洗冤

有反骨"的说法。宋慈把这个民间传闻写进《洗冤集录》,在这里,他多了一点民族主义的情绪,少了一点科学家的实证精神。当然,我们也是可以理解的。

虽然宋慈对人体骨骼的描述有一些错误,不过从总体来看,已经比较详细、具体了,和现代解剖学上有关骨骼的内容大体相同。这也是宋慈的一项创举,因为在同时代的其他任何书籍中还未见有如此详尽的描述。他的这一项工作,为后来官府清检尸骨、发现问题、判断案情提供了指导。

我们举一个例子。浙江德清县有个女子嫁给了一个浪荡子。这个丈夫品行卑劣,竟然和继母勾搭成奸。妻子察觉这件事后,深感耻辱和痛苦。

一天,妻子为继母做了双鞋子。继母拿起鞋子,看了看说:"这鞋后跟不正,有点歪。"妻子冲口而出顶了一句,说:"鞋子不正有什么关系?只要走路端正就可以了。"继母大为羞愤,明白儿媳妇是在揭露她的丑行,就和浪荡子密谋杀了她。第二天,浪荡子到妻子的娘家报丧,说是"暴病而死"。娘家人觉得事情来得太突然,有些疑惑,但因胆小懦弱,也不敢到县衙去控告。

直到一年多后,娘家人才壮起胆子到县里报案。县里自然要开棺验尸,但是尸体已经腐烂,只剩一具白骨。仵作验过尸骨后报告说:"尸体没有伤痕。"于是这场官司只得作罢。其后娘家人多次申诉,但都没有结果,事情就这么又拖了好几年。

后来这件事惊动了刑部。刑部下令再查。这时候,德清也换了个新的县令。新县令走马上任后,立即调阅卷宗,讯问当事人,但都没有头绪;仵作也重新检验了尸骨,依然说没有问题。

县令冥思苦想,觉得破案的关键在仵作。于是自己亲自去邻县,用重金聘请一位老仵作,请他来协助办案。为了防止有人贿赂,

> 虽然宋慈对人体骨骼的描述有一些错误,不过从总体来看,已经比较详细、具体了,和现代解剖学上有关骨骼的内容大体相同。这也是宋慈的一项创举,因为在同时代的其他任何书籍中还未见有如此详尽的描述。

他与老仵作一同返回，一桌吃饭，同床睡觉，朝夕相处，形影不离。

县令下令再次开棺验尸。老仵作按照《洗冤集录》上记载的顺序，逐一检核骸骨，过了一会儿，他抬起头，说："尸体确实没有伤痕，不过少了一根颈骨。"

县令很奇怪："尸骨里面不是有一根颈骨吗？"

"这根颈骨与尸骨上下不吻合，而且比较轻，应该属于四十开外人的。"

县令问："您怎么这么肯定？"

老仵作说："一般人的年龄越大，骨骼就越轻。死者正值青春年少，所以她的颈骨要重一些。这根颈骨分量不足，照重量推算，应该是一个四十开外人的。"

县令立刻把历次检验的仵作都招来审问。有个仵作供认：第一次检验时，他就接受贿赂，偷换了颈骨。县令下令追回原来的颈骨细查，上面的伤痕非常明显。

到了这个地步，那个浪荡子只得招认。原来他和继母密谋，用酒把妻子灌醉，然后用笆斗砸她的颈部，致其死亡。案情大白，两个凶犯被处以极刑。

这个案子里，老仵作的技术让人叹为观止。他就是把《洗冤集录》对于骨骼的描述烂熟于心，在检核尸骨时发现颈骨与上下骨骼并不吻合，再结合自己多年的经验，才破了这桩奇案。

有了《洗冤集录》上关于人体骨骼的描述，官府验骨以后，还可以根据骨头上的血荫找出死因。

清道光二十年（1840年），也就是鸦片战争爆发的这一年，在广东乐昌县发生了一起命案。兄弟二人谋害并埋葬了老三，同时埋进去的还有老三的两个儿子卢添喜、卢添福。

案发以后数月，官府挖开坟墓，检验尸体，这时尸体已经腐败。

第六讲　蒸骨奇法

> 他就是把《洗冤集录》对于骨骼的描述烂熟于心，在检核尸骨时发现颈骨与上下骨骼并不吻合，再结合自己多年的经验，才破了这桩奇案。

宋慈洗冤

仵作按照《洗冤集录》上记载的顺序，逐一检验尸体的骨骼，然后发现：卢添喜的脑后有一条血荫，顶心骨有一块血荫，牙齿松动脱出，牙床尚有瘀血；卢添福的脑后有一块血荫，其他情况与卢添喜相同。仵作断定，卢添喜和卢添福是分别被刀背、石块打昏，然后被活埋的。

审问凶手，凶手供称：他们是先谋害了老三，在掩埋尸体的时候，逼着两个侄儿下坑去扶正老三的手脚，然后趁机用刀背、石块照他们后脑砸打，把他们打倒后，随即掩埋。

活埋致死的明证就是顶心骨和牙床的血荫，这是因为在窒息前后，体内尚有血液流动，头部的压力增大，形成了瘀血。

晚清的大法学家沈家本，也曾经用血荫断过案。

在他写的《补洗冤录四则》里面，记载了这样一件案子。

光绪十八年（1892年），天津县有个叫刘明的人，体弱多病。一个叫郑国锦的医生来给他看病，住在他家。刘明的妻子王氏和郑国锦发生奸情，两人起意要谋害刘明。

有一天凌晨，郑国锦在给刘明针灸的时候，在他腹部的水分穴上连扎三针，这个穴位是传统中医的禁针穴。刘明被扎针后挣扎喊叫，王氏和郑国锦合力把他按在炕上，不让他动弹。喊叫声惊醒了在一旁睡觉的刘明的儿子刘黑儿，他目睹了当时的情景，还看到郑国锦从刘明肚子上拔出银针。很快刘明就死了。

刘明死后，王氏和郑国锦结了婚，刘黑儿被大伯刘长清收养。过了几年，长大了的刘黑儿向伯父提起小的时候，曾目睹王氏与郑国锦通奸以及父亲死时的情景。刘长清于是到衙门起诉，状告王氏和郑国锦杀害弟弟刘明。天津县知县觉得案情重大，就呈请上级来主持检验。

当时沈家本正担任天津知府，接到公文后，他亲自到现场主持尸检。为了慎重起见，他还从北京刑部借调了一位很有经验的仵作。打开棺木的时候，尸体已经严重腐败。沈家本吩咐仵作将骸骨一一捡出，用温水冲洗干净，按照《洗冤集录》的说法排列整齐，然后细心检查。仵作检验出囟门处有血荫，血荫附近还有一处瓜子大小的红色透明区域，死者的牙齿大都脱落，在牙床上也发现三处血荫。

郑国锦抗辩说自己当时只是给死者扎针。沈家本当场指给他看这些伤痕，告诉他针扎致死，死者的牙根骨会见伤，而且因为人自然猛烈憋气，气血上涌，会在头顶囟门出现血荫和凸起，凸起处骨质较薄，看上去是透明的样子。在事实面前，郑国锦只好认罪，后来和王氏都被判处死刑。

不过，凭血荫断案，需要瘀血处比较明显，才容易看清血荫，如果瘀血较少，血荫不明显该怎么办呢？

如何"蒸骨"？

宋慈也有办法。他的办法就是把骨骼处理一下，在《洗冤集录》里，这叫"蒸骨"。

怎么"蒸骨"呢？

《洗冤集录》上是这么说的：

> 先以水净洗骨，用麻穿定形骸次第，以篾子盛定。却锄开地窖一穴，长五尺、阔三尺、深二尺，多以柴炭烧煅，以地红为度。除去火，却以好酒二升、酸醋五升泼地窖内，趁热气扛骨入穴内，以藁荐遮定，蒸骨一两时。

由此看，蒸骨的具体方法倒也不难，大概分几个步骤：

宋慈洗冤

第一步，清洗骨骸。用清水把待检的骸骨洗净，再用麻绳按人体结构把骨串好，放在竹席上。

第二步，挖坑火烧。在地面上挖一个比人体略大一些的土坑，一般要求长五尺、宽三尺，深度要在两尺左右。然后在土坑里面烧柴炭烘焙，一直要烧到坑周围的地面都发红，才可以把火除去。

第三步，专方泼蒸。把两升好酒和五升酸醋泼到坑里，趁着热气把骸骨放进坑里，坑上面要用草席紧紧盖住。

经过这三部曲，大概一两个时辰，骨就"蒸"好了。

这样蒸好的骨就可以检验了吗？不行。因为此时骨上的血荫和周围的区分也还不是很明显，还得借助一件器物：红油伞。这叫"红光验骨"。

使用红油伞进行法医检验，并不是宋慈的独创，而是他集录来的。据研究，宋慈借鉴的是北宋时期沈括在《梦溪笔谈》里记载的一个案例。

> 使用红油伞进行法医检验，并不是宋慈的独创，而是他集录来的。

案子是这样的。有一次，县城里面有人打架斗殴，结果有一个人被打死了。出了人命，这可是大事情，县令就去查案。仵作用油脂和灰汤涂抹在尸体上，但都没有见到伤痕。没有伤痕，就没有证据；没有证据，又怎么给犯罪嫌疑人定罪呢？就在大家一筹莫展的时候，县衙里面的一个老书吏站出来说："大老爷不用为难，这件事其实很容易办到。到中午阳光充足的时候，您叫人撑开一把新的红油伞，然后把尸体挪到伞下面，再把水浇到尸体上，把尸体弄干净，那些伤痕就一定会显现出来。"这算是什么办法呢？不过大家也实在没有别的方法，县令就命令仵作照老书吏所说的去做，结果"伤迹宛然"，就是说那些伤处果然就清楚地显现出来了。

这个老书吏所说的方法，有没有什么道理呢？有的。我们平常所见的太阳光，其实是由红橙黄绿青蓝紫七色混合而成的白光。在这种混合光下，伤处不容易分辨。新的红油伞的作用，就是从太阳光中滤取红色波段光，这种单色光可以提高伤处与周围皮肤的反衬度，从而达到验伤的目的。这一方法和现代应用紫外线光照射尸骨检验伤痕的原理是一致的，只是古人知其然不知其所以然而已。在法医科技不发达的古代，这个方法是非常简单有效的，当时江淮一带的官府就往往采用这个办法来验伤。

到了南宋，用于检验尸体皮肉伤痕的"红光验骨"之法，又被人们用来检验尸体的骨伤和尸骨伤。《洗冤集录》上说：

> 候地冷取去荐，扛出骨殖向平明处，将红油伞遮尸骨验。若骨上有被打处，即有红色路微荫，骨断处其接续两头各有血晕色。再以痕骨照日看，红活乃是生前被打分明。骨上若无血荫，丛有损折乃死后痕。

这就是"红光验骨"法。具体做法是：骨"蒸"好后，等地面冷却了，翻开席子，把骨殖抬出放在平坦明亮的地方，然后对着阳光用红油伞遮住尸骨进行检验。此时可以看到，骨上被打的地方显露出淡红色的出血痕迹，如果骨头被打断了，出血痕在骨折断处的两端会比较明显。还应注意，如果血荫呈鲜润的红色，才是生前被击打所致；否则，即便是骨头断裂，那也是死后造成的。

红光验骨在古代司法实践中是怎么运用的呢？

清人陆以湉在他的笔记《冷庐杂识》中，记载了一个清代检验尸骨的故事。其检验判断之法还发展了《洗冤集录》中的方法。

一次，济阳县有个捕快，因为追查罪犯逮捕了一个人。谁知这个人猝然死去，后来尸体被运回家安葬了。不久，家属状告捕

第六讲　蒸骨奇法

> 新的红油伞的作用，就是从太阳光中滤取红色波段光，这种单色光可以提高伤处与周围皮肤的反衬度，从而达到验伤的目的。

宋慈洗冤

快暴力执法，打死了死者。这个案子反反复复，拖了三十年没有定案。

后来，县里来了一个新县令，名叫朱垣。府衙命他会集有关各方进行一次尸检，希望能一举定案。

那户百姓家里很穷，装殓尸体的只有一口柳木薄板棺材，墓穴也只是一个浅土坑。经过三十年时间，又有过几次开棺检验，已是坟土松动、棺板松散、尸体腐败。仵作也说："久，疑不可检也。"意思是时间太久了，恐怕不好检验。

朱垣怎么办呢？问题的关键是如何把尸骨从墓穴中完整地取出。朱垣想了一个巧办法。他叫人就地挖坑，在坑上面支起一个木架，然后把棺材整个从墓穴中挖出来，抬放在木架上。衙役们把棺材四周的木板除去，扫去棺材里面的泥土。这样，那具遗骸就完整地取出来了。

按照《洗冤集录》的办法，朱垣让人在坑里面烧柴炭烘焙，除火后再泼醋进去，然后在尸体上盖上草席。很快，蒸骨完毕。

仵作上前，解开草席，然后打着红伞，按照尸骨的顺序，一一检核有没有伤痕。最后，只在尸骨的后脑勺部位，发现了一块一寸见方的血荫。在场的人都吁了一口气，以为终于发现了凶杀的实情，这场拖了三十年的案子终于可以结案了。

哪知朱垣听报，上前仔细观察了一阵，说："不对，这块血荫可以洗掉。"大家都感到好笑，有人插话说："三十年的人骨伤痕，怎么可能洗掉呢？"朱垣也不争辩，只叫仵作用水刷洗。果然，血荫被洗掉，"骨白无涴"，那死者的脑骨变得雪白，一点伤痕也找不到。没有证据，死者的家属只得撤诉。

事后有人问朱垣："《洗冤集录》上并没有提到过这种验骨的方法，您是怎么辨别的呢？"

122

朱垣说："真正受伤，血荫一定是中心部位颜色深、周边部位颜色浅，就像是太阳、月亮周围的晕轮一样。但是我们查到的这处'血荫'情况恰恰相反，所以这一定是尸体腐烂时血水渗出，沾在骨头上而已。"

朱垣的话用现代科学来解释，所谓血荫，是指骨骼在受到暴力打击后，骨膜血管破裂出血，血液浸润骨质，从而形成的暗红色或褐色晕迹印痕。所以血荫是洗不掉的。而仵作发现的那块血斑，是未受伤的骨骼粘有的血液，其血液沉淀不能渗入骨中，因而可以洗掉。朱垣信古而不泥古，破了这桩"三十年未决"的悬案。

我们知道古代司法是有复检这道程序的，官府会对尸体反复检验，以确定事实真相。但是骨骼反复去"蒸"，血荫就会消失，那该怎么办呢？宋慈说没有关系，可以用三种方法来解决。

> 当将合验损处骨以油灌之，其骨大者有缝，小者有窍，候油溢出，则揩令干，向明照：损处油到即停住不行，明亮处则无损。
>
> 一法：浓磨好墨涂骨上，候干，即洗去墨。若有损处则墨必浸入，不损则墨不浸。
>
> 又法：用新棉骨上拂拭，遇损处必牵惹棉丝起。折者其色在骨断处两头。又看折处其骨芒刺向里或外，殴打折者芒刺在里；在外者非。

宋慈的三种方法，第一种叫灌油法。向骨头里面灌油，等油灌满了，用布把溢出的油擦干，然后拿起骨头对着日光仔细观察。因为骨头是有缝隙的，所以油就会渗入骨骼。如果骨质平滑，油渗入后分布均匀，看上去就很光亮。而伤损的地方受外力作用，

宋慈洗冤

骨缝扭曲变形，油渗入后会停滞在这里，所以看上去就会有明显的阴影。

第二种叫涂墨法。用浓墨涂抹在待检的骨头上，等墨干了，再用水洗去骨头表面的墨汁，这时再看骨头上有没有残余的墨迹。因为骨头上如果有伤损的地方，骨膜也会受损，墨汁就会渗进去，残留下来。

第三种叫丝绵法。这种方法极为快捷。用新的丝绵在骨头的表面轻轻拂拭，遇到伤损处就会扯起绵丝来。因为骨头断裂处会有许多芒刺，丝绵拂过的时候，它们会勾扯出绵丝。找到芒刺以后，再看这些芒刺是向里还是向外的。如果向里，说明骨头是被外力打断的；如果向外，骨头是因为内部的力量而断裂，而不是被打断的。

不过，红光验骨是有局限性的。《洗冤集录》上说：

> 此项须是晴明方可，阴雨则难见也。

宋慈说，红光验骨的方法必须在晴天进行，阴雨天是很难见到的。也就是说，红光验骨是受到日光条件限制的。如果案情紧急，必须在阴雨天验骨，那该怎么办呢？

宋慈也有办法。他说：

> 如阴雨，不得已则用煮法：以瓮一口，如锅煮物，以炭火煮醋，多入盐、白梅同骨煎，须亲临监视，候千百滚取出水洗，向日照，其痕即见，血皆浸骨损处，赤色、黑青色，仍仔细验有无破裂。

这是宋慈的应急办法。这种方法就像煮食物一样，找一个瓮，倒

> 宋慈说，红光验骨的方法必须在晴天进行，阴雨天是很难见到的。也就是说，红光验骨是受到日光条件限制的。

进醋，然后煮开，再加进去盐、白梅。长时间煮过后，取出骨头，用水洗干净，在阳光底下就能看出出血痕迹。煮过后的骨头上面血荫呈暗红色或青黑色，由于日光条件差，这种暗红色或青黑色不太容易看得清，而且如果不慎用了锡器，骨头还会变黑，根本看不出来，所以宋慈说，"煮骨"的方法实属不得已而为之。

能不能有一个阴雨天提高反衬度的方法呢？这个问题宋慈也没有解决。到了明清时期，人们开始采用"黄光验骨"法，终于解决了这个问题。

所谓"黄光验骨"，就是阴雨天不再煮骨，而是先蒸骨，然后把"蒸"好的骨殖放到黄伞下面来检验。有时，人们还在骨殖旁放置一面铜镜，观察铜镜中骨殖的影像，据说血荫看得更清楚。黄光验骨在原理上和红光验骨是一样的，不过是滤取了日光中的黄色波段光而已，这是后人在实践中对红光验骨技术的发展。

不论是红光验骨，还是黄光验骨，它的基本要求是要有"骨"，这是死者给我们留下的最后的证据材料了。那么，如果死者尸骨无存了，那该怎么办呢？

> 所谓"黄光验骨"，就是阴雨天不再煮骨，而是先蒸骨，然后把"蒸"好的骨殖放到黄伞下面来检验。

第六讲　蒸骨奇法

什么是"检地"绝技？

古人还有绝技，叫作"检地"。

什么是"检地"呢？检地就是检查地面的意思，《洗冤集录》里面有这样一段话：

> 又若被刃杀死却作火烧死者，勒仵作拾起白骨，扇去地上灰尘，于尸首下净地上用酽米醋、酒泼。若是杀死，即有血入地，鲜红色。须先问尸首生前宿卧所在，却恐杀

宋慈洗冤

死后移尸往他处,即难验尸下血色。

宋慈的这个办法,是用来检验死者是否为刀伤致死的。在法医检验中有这样一种情况,凶犯将被害人杀死,然后放火焚尸伪装是烧死的。发现尸体的时候,尸骸几乎烧尽,犯罪证据已经灭失。怎么办呢?宋慈的办法是,捡去地上剩余的残骸,扇去灰尘,然后在地面上泼洒酒和浓醋,这时,就可以发现地面上出现鲜红的血迹。也就是说,即使是放火也烧不掉凶犯的罪证。当然,这必须是犯罪第一现场,大量的血已经流到地面,泼酒醋后才能发现。

酒浇、醋浇现形实际上是一种化学方法,就是说酒醋浇上了以后和血液中的物质发生化合反应,所以能显示出血迹来。现代的法医在案发现场已经不用酒醋了,取而代之的是联苯胺和过氧化氢,如果现场曾有血迹,就会发生化学反应,呈现出特有的颜色,帮助法医判断案情。

在《洗冤集录》里,只有这一种检地法。但是古人的探索并没有结束,在宋慈以后,不断有人总结出新的检地法,到了清朝,检地法已经发展得相当完备,成为一个非常有东方特色的刑侦方法。

> 但是古人的探索并没有结束,在宋慈以后,不断有人总结出新的检地法,到了清朝,检地法已经发展得相当完备,成为一个非常有东方特色的刑侦方法。

我们以后人补注《洗冤集录》时附注的一个案子来说明。

清乾隆五十五年(1790年),在湖南武陵县有两个和尚,一个叫麓庵,一个叫豁然。

一次,两个和尚不知因何故打架,而且上演了全武行。麓庵一棍打去,正中豁然的左后脑,豁然应声仆倒在地。麓庵赶上前去,又在豁然的后脑勺来了一棍,豁然惨叫一声,当场身亡。打死了人,麓庵害怕了,他把尸体抬到野外烧了,想焚尸灭迹。

案发以后,官府派人到了焚尸现场,发现只剩下牙齿和部分残骨。怎么揭露麓庵的犯罪事实呢？现场官员就使用了检地法。

他叫仵作把地面清理干净，先用柴炭在地面烧，等地面烧热了之后，把芝麻撒上去，然后用扫帚轻扫，把芝麻扫均匀，很快地面上就显出一个人形，手足头身都可以看得一清二楚。仵作丈量了人形的长度，是四尺八寸，这是死者的身高，和豁然的兄长讲的相符。人形左后脑、后脑部位芝麻比较浓密，仵作丈量了一下，都是斜长一寸左右，宽四分多，说明这两个部位受伤出血，是致命伤。

这些做完后，仵作把地上的芝麻扫干净。然后又用柴炭把地面烧热，浇上酒糟水，然后再用柴炭烧热，再撒上醋。接下来，仵作把一张红漆面的桌子桌面朝下，扣在地面。过了一会儿，翻过桌面，只见桌面上有一个像蒸汽熨上一样的晕痕，同原先那个人形没有两样，而且左后脑、后脑两处伤痕更加明显。

桌子抬回县衙，麓庵见到，认罪伏法。

这种检地法有没有科学道理呢？有。因为尸体被焚烧以后，肌肤甚至骨髓的脂肪便会受热融化，渗入土中。如果用柴炭在焚尸处加热，这些油又会从土中渗出。扫去柴炭，撒上芝麻，芝麻中的油会和尸体溢出的脂肪油凝聚在一起，显现出尸体被焚时的姿态。伤口处芝麻密集，这是由于瘀血或流血使得油迹更浓的缘故。人体的脂肪油混合酒、醋加热后，与桌面的红漆发生反应，可以留下晕痕。这样做也保存下了勘验结果。

检地之法，让我们有点天方夜谭的感觉。在科技并不发达的古代，人们利用积累起来的点滴经验，总结出一套行之有效的刑侦方法来揭示案情，震慑和打击罪犯，这种积极探索、勇于创新的精神，值得我们敬仰和学习。它也印证了这样一句话，那就是"要想人不知，除非己莫为"！

第六讲 蒸骨奇法

> 在科技并不发达的古代，人们利用积累起来的点滴经验，总结出一套行之有效的刑侦方法来揭示案情，震慑和打击罪犯，这种积极探索、勇于创新的精神，值得我们敬仰和学习。

宋慈洗冤

  这一讲,我们讲到了《洗冤集录》中提示的在尸检过程中应注意的一些细节。中国古代不仅能对尸体进行检验,如果尸体腐化只剩骨骼,也能进行检验,甚至在尸骨无存的情况下,照样能进行检验,这实在让我们叹为观止。那么,《洗冤集录》中还记载了哪些法医检验方法呢?

  请看下一讲《滴血认亲》。

第七讲 滴血认亲

所罗门王是怎么判案的？

古人创造了什么样的认亲方法？

官府是怎么用「滴血认亲」法来判案的？

滴血认亲科学吗？

> 宋慈的记载，充分展现了中国人的智慧。不过，古人并没有就此止步，在《洗冤集录》中，还有一个利用死者遗骨进行法医检验的方法。这种方法后来甚至形成了一种文化现象。

上一讲，我们说的是古人怎么根据骨骼来断案的，如果死者尸骨无存，还可以通过"检地"绝技来发现伤情。

宋慈的记载，充分展现了中国人的智慧。不过，古人并没有就此止步，在《洗冤集录》中，还有一个利用死者遗骨进行法医检验的方法。这种方法后来甚至形成了一种文化现象。

这是一种怎样的方法呢？

所罗门王是怎么判案的？

我们先来说一个故事。

在距今三千年前，以色列人中出现了一位国王，叫所罗门。这位所罗门王在即位的时候，还非常年轻，不到二十岁。小小年纪，怎么能治理国家呢？于是，所罗门就向上帝祈祷，祈求上帝赐给他一颗善于识别的心，能判断是非，以便治理国家。上帝答应了。这样，拥有"一颗善于识别的心"的所罗门就成为一位非常有智慧的国王。

一次，王宫里闯进两个妇人，请求国王主持公道，所罗门王问她们是怎么回事。

其中一个妇人说："陛下，我们俩住在一起待产，我生了一个男孩，两天后她也生了一个男孩。今天早晨，我醒来喂奶，发现孩子已经死了，仔细一看，孩子是被压死的，而且那也并不是我的孩子，而是那个妇人的。一定是昨晚她一不小心把自己的孩子给压死了，夜里趁我熟睡就把我的孩子给调换了。请求陛下为小妇人做主！"

另一个妇人说："尊贵的所罗门王，她在撒谎。死去的孩子明明是她的，却硬说是我的；是她自己晚上睡觉不小心把孩子给压死的。"

第一个妇人说："不！活着的孩子是我的，死的才是你的！"

另一个妇人说："不！死的孩子是你的，活着的才是我的！"

她们在国王面前争吵起来。

孩子刚刚出生，体貌特征还不明显，加上又都是男孩，恐怕除了他们的母亲，别人很难辨别。案件发生在夜里，除了两位母亲，又没有第三人在场，这该怎么办呢？所罗门王陷入沉思。

过了一会儿，国王做出了一个惊人的决定。他叫左右拿来一把刀，然后对争吵不休的两位母亲说："你们都说这个活着的孩子是自己的，但是又都拿不出证据。既然这样，叫侍卫用刀把这个孩子劈成两半，你们一人一半好了。"

这个判决震惊了在场的所有人。

第一个妇人跪下说："尊贵的所罗门王啊，把孩子给她吧，我不要了，请您千万不要伤害这个孩子。"另一个妇人却说："英明的所罗门王，您的裁断是公正的，那就一人一半吧！"国王笑了："案件审理结束。把孩子交给哀求我的那个妇人吧，因为她才是孩

宋慈洗冤

> "劈开孩子"这个看似昏聩残暴的判决，却蕴藏着对人性深刻的理解。这位国王的确非常有智慧。

子的母亲。"

这个故事出自《圣经·列王纪》。所罗门王推断孩子的生母必定不会忍心让孩子去死，而是宁可舍弃自己的抚养权；而没有血缘关系的另一个妇人，却会表现得幸灾乐祸。"劈开孩子"这个看似昏聩残暴的判决，却蕴藏着对人性深刻的理解。这位国王的确非常有智慧。

类似的故事在古代中国也有。

西汉的时候，在颍川有个有钱人家，家财万贯。这家有兄弟二人，他们的妻子都怀了孕。嫂子流产了，但是夫妻俩对家里隐瞒了这件事。不久，弟媳生了一个男孩。为了争夺家里的财产继承权，哥嫂就把孩子抢了过去，说是自己亲生的，还说是弟媳妇流产了。弟弟和弟媳没有办法，只好告官。案子拖了三年，无法判决，最后到了太守黄霸的手上。

黄霸升堂问案。公堂之上，几个人吵吵闹闹，各执一词。黄霸于是叫人把孩子领来，对嫂子和弟媳说："这样好了，既然你们都说孩子是自己的，现在孩子就在大堂上，你们妯娌两人去抢吧，谁抢到就是谁的。"

话音刚落，妯娌两人就冲到孩子身边，争抢起来。孩子被弄疼了，哇哇大哭，但是嫂子依然不松手，而弟媳却松开了手，退到一边，以手遮面，表情很是悲伤凄惨。

黄霸笑了："此事审矣。"意思是说这个案子可以判了。他转过头去，呵斥嫂子说："你贪图家里的财产，想要得到这个孩子，但是你并不爱孩子，所以就强拉硬扯，完全不顾孩子的死活。还不赶快把孩子还给弟媳妇！"

这个看似简单的案子其实很难断。因为嫂子流产的事，并没有人知道，所以没有人证。既然没有证据，黄霸只好想别的办法。

第七讲 滴血认亲

他叫妯娌二人"抢孩子",然后观察两人对孩子的态度。弟媳作为亲生母亲自然不愿让孩子受到伤害,而嫂子却没有任何顾虑,黄霸据此审明案情。南宋人郑克在评论这个案子时说,"盖证或难凭而情亦难见",黄霸"于是用谲以擿其伏,然后得之"。意思是说:有时候,证据难以找到而真实情况也不容易查清楚,黄霸于是就采用变诈的手段,来揭露隐秘的事实,然后就把案件审清楚了。

类似的案子,在古代还有一个,不过在侦查手段上要温和许多。

南北朝时期,在北魏,寿春县县民苟泰家三岁的孩子走失了。苟泰找了几年都没有找到,后来才在赵奉伯家发现了孩子。到了官府,两家都说孩子是自己的,又都有邻居做证。这个案子郡县两级都判不了,最后送到刺史李崇那儿。

李崇是北魏中后期的名臣,"断狱精审"。他是怎么来判这个案子的呢?李崇并没有直接升堂问案,而是把两个"父亲"和孩子分开,把他们都关了禁闭。几天以后,李崇让狱卒告诉两个"父亲":"很抱歉,孩子突然得了重病,已经不治身亡。孩子死了,你们也不要争了,还是赶快办丧事,让孩子入土为安吧。"

苟泰听到这个消息,如遭晴天霹雳,痛哭不已。而赵奉伯呢,只是连连叹息,并没有什么悲痛的表情。狱卒把这个情况汇报给李崇,李崇说:"把孩子给苟泰吧,这孩子是他的。"

无论是所罗门王还是黄霸、李崇,都是凭借自己的智慧,用"谲"的手段来获得真实情况,然后断案的,这也是没有办法的办法。这样的案件,如果碰到的是一位糊涂官,那恐怕只能断成"糊涂案"了。那么,有没有一种方法,可以直接确认人们的血缘关系,从而减少误判的可能性呢?

> 无论是所罗门王还是黄霸、李崇,都是凭借自己的智慧,用"谲"的手段来获得真实情况,然后断案的,这也是没有办法的办法。

宋慈洗冤

古人创造了什么样的认亲方法?

古人很聪明,他们想到了一种方法,叫作"滴骨认亲"。

所谓滴骨认亲,就是把生者的血液滴在死者的骸骨上,观察血液是否渗入骨中,如果血液能够渗入,说明生者和死者有血缘关系;反之,则说明生者和死者没有血缘关系。官府据此来判定他们有无亲缘关系。

这个方法有什么依据吗?迄今为止,我们还没有找到这种方法的生理学证据。因此,这个方法可能出于臆想,来源于古人的一种观念。古人认为,有血缘关系的人,他们滴出来的血会融在一起;而没有血缘关系的人,他们滴出来的血则互相排斥,并不融在一起。由这个观念引申出去,人们普遍相信:即使是已经死去的人,他们亲人的血也会渗入死者的骸骨。这大概就是"骨肉至亲"一词的来源了。进而人们还相信:即便是夫妻,因为长期共同生活,气血相通,他们的血也会交融在一起。

据专家研究,滴骨认亲早在秦朝就出现了,并且在民间颇为盛行。我们举几个例子。

汉朝的时候,有一个叫陈业的人,他的哥哥在渡海时遇难。陈业来到现场,只见海滩上和哥哥同船的五六十人的尸体都已腐烂,无法辨认。陈业对着皇天后土发誓:"闻亲戚者,必有异焉。"意思是说:我听说亲戚之间,必然有与别人不同的某种联系。什么样的联系呢?陈业割破胳膊,把血洒在那些尸体的骨头上。果然,别的尸骨上的血很快就滑了下去,滴到地上;只有一具尸骨上的血不仅留在骨上,而且渗了进去——这就是他哥哥的遗骸了。

东晋末年,在浙江沿海爆发了孙恩领导的农民起义。起义受挫以后,孙恩退守海岛,后来投海自杀,家族和部属随同他一起

> 古人认为,有血缘关系的人,他们滴出来的血会融在一起;而没有血缘关系的人,他们滴出来的血则互相排斥,并不融在一起。由这个观念引申出去,人们普遍相信:即使是已经死去的人,他们亲人的血也会渗入死者的骸骨。

投水的，有一百多人。据《南史·孝义传》记载，多年以后，孙恩一个部属的儿子，叫孙法宗的，要寻找父亲的尸骸。他来到当年父亲自杀的地方，只见白骨累累，这该怎么办呢？孙法宗"闻世间论是至亲以血沥骨当悉渍浸"，他就刺破胳膊，在一具一具白骨上滴下去。但是他很不走运，没有一具白骨可以渗进去他的血液。孙法宗不死心，就扩大搜寻区域，在当年孙恩部队行经的地方，反复寻找。每每看到白骨，他就刺破胳膊，滴骨认亲。后来胳膊刺不出血，他就刺小腿，以至于"臂胫无完皮，血脉枯竭"，他刺得手臂和小腿上没有一处完整的皮肤，血都滴尽了，但"终不能逢"。这位可怜的孝子只好怏怏而返。

唐朝的时候，也有滴骨认亲的记载。有人写了一个"杞良妻"的故事。说是杞良服劳役修长城，被典吏打死，尸体投进城墙的地基里。妻子仲姿得到这个消息，悲哽而往。她向着长城号哭，城墙崩倒一片，露出了地基。但是，地基下面埋了很多人，白骨交横，不知道哪具是杞良的尸骨。仲姿就刺破手指，把血滴在那些白骨上，说："如果是杞良的骨骸，血就能渗进去。愿上天垂怜，让我把他带回家安葬吧。"这就是大家非常熟悉的"孟姜女哭长城"的雏形。这个故事是从《左传》所载"杞梁之妻"一段演绎而来，添加了滴骨认亲的内容，所以，故事虽然讲的是秦朝的事，反映的却是唐朝人的生活状态，他们那个时候也用滴骨认亲法。

而滴骨认亲最有名的，是南朝梁国的豫章王萧综，他可以算是法医学史上进行亲子鉴定的第一人。我们来说说萧综的事情。

南北朝时期，齐国有个皇帝叫萧宝卷，他是中国历史上著名的荒唐皇帝。宰辅大臣稍不如意，立即诛杀，逼得文官告退，武将造反。雍州刺史萧衍趁机起事，领兵打到首都建康（今南京）城下。这时齐宫内发生叛乱，萧宝卷被杀。萧衍进入建康，他做

第七讲 滴血认亲

> 而滴骨认亲最有名的，是南朝梁国的豫章王萧综，他可以算是法医学史上进行亲子鉴定的第一人。

了三件事：第一，追贬萧宝卷为东昏侯，漂白他"弑君"的行为；第二，霸占了萧宝卷的许多妃子，其中一位叫吴淑媛；第三，立了一个新皇帝萧宝融（齐和帝）。

不久，萧衍逼着和帝把皇位禅让给他，自己做了皇帝，改国号为梁，萧衍就是梁武帝。而那个吴淑媛，在被萧衍霸占后仅仅七个月，就生了一个儿子，名叫萧综。人们常说，怀胎十月，一朝分娩，而萧综只有七个月就出生了，这就让人难免起疑：这小孩会不会不是萧衍的，而是东昏侯萧宝卷的呢？但是武帝仍然给了萧综皇子的待遇，后来还封其为豫章王。

武帝子女众多，一共有八位皇子，萧综排行第二。封建社会实行嫡长子继承制，所以未来梁国的新君应该是皇太子，但是萧综野心勃勃，觊觎皇位。后来吴淑媛年长色衰，渐渐失宠。没有了武帝的恩宠，萧综就与皇位渐行渐远了。萧综因此心生怨恨，常常在母亲面前发牢骚。吴淑媛不言不语，只是长叹。萧综深为不解。

有一次，萧综忍不住追问母亲。母亲屏退左右，悄悄对他说："汝七月日生儿，安得比诸皇子。汝今太子次弟，幸保富贵勿泄。"这段话是《南史》上记载的，比较简略，不太容易懂，我们结合当时的情况，来解说一下。吴淑媛大概是这么说的："我本是齐宫的嫔妃，逼不得已才服侍当今皇上，可是刚七个月就生下了你。所以，你是东昏侯萧宝卷的儿子，不是当今皇上的骨肉，又怎能和其他皇子相比呢？从前，我见你年幼无知，没有把真相告诉你。现在你长大了，懂事了，我才告诉你这个真相。不过，你知道也就算了，千万不要把这件事对别人说。不然的话，别说保不住富贵，就连我们母子的性命也要丢掉！"

萧综一直以为自己是武帝的骨血，没想到母亲却道出如此令人惊骇的内幕，他感到实在难以置信。为了证实母亲的话，他决定来一个滴骨认亲。于是，萧综召集了几名心腹，改装易服，偷偷来到东昏侯的墓前，掘墓开棺，取出东昏侯的骸骨。然后，他抽刀将自己的手指割破，把血滴在骨骸上，隔了片刻，"有征矣"，也就是血果然渗入骨骸之中。尽管如此，萧综还是将信将疑。那怎么办呢？回到家中，萧综又想出了一个很"绝"的办法。他狠了狠心，把自己刚生下来才一个多月的孩子给弄死，然后掩埋。过不多久，他派人在夜间将孩子的骸骨掘出取回，然后将自己的手指割破，把血滴在骨头上。结果，血也和先前一样渗入进去。萧综这才相信母亲所说是真的，自己确实是东昏侯的遗腹子。

知道了自己的身世，对武帝的怨恨和国破家亡的仇恨聚集在一起，让萧综情难自已。大概就在这个时候，他写了两首很有名的诗。

一首叫《听钟鸣》，诗文如下：

听钟鸣，当知在帝城。参差定难数，历乱百愁生。去声悬窈窕，来响急徘徊。谁怜传漏子，辛苦建章台。

听钟鸣，听听非一所。怀瑾握瑜空掷去，攀松折桂谁相许？昔朋旧爱各东西，譬如落叶不更齐。漂漂孤雁何所栖，依依别鹤夜半啼。

听钟鸣，听此何穷极？二十有余年，淹留在京域。窥明镜，罢容色，云悲海思徒掩抑。

另一首叫《悲落叶》，诗文如下：

悲落叶，连翩下重叠。落且飞，纵横去不归。
悲落叶，落叶悲。人生譬如此，零落不可持。

悲落叶，落叶何时还？夙昔共根本，无复一相关。

这两首诗，都是借景生情，感情朴实真挚，很有感染力，"当时见者莫不悲之"。

萧综开始了他的复国计划。

首先，他派人联络在北魏的萧宝夤。这个萧宝夤是东昏侯的弟弟，按照辈分是萧综的叔叔。齐亡后，萧宝夤投奔北魏，成为北魏重臣。萧综联络他，是为了寻求外援。其次，萧综积极谋取兵权，以备起兵造反。不久，他就得到了一个机会。梁、魏两国在边境发生冲突，梁军大败。朝中一时无将，武帝就派萧综出京统领各路人马，驻守彭城，与魏军对峙。萧综得旨，暗中庆幸，当日就带人赶往彭城。

对面的魏国也在增兵。消息传来，武帝担心萧综不娴战事，怕出意外，便促令他班师。好不容易到手的兵权眼看就要失去，萧综很是无奈。他也等不及了，于是趁夜偷偷打开彭城北门，前去投奔魏军。

梁国皇子来降，让魏主非常高兴。他隆重接待了萧综，还拜他为侍中，封丹阳王。萧综如此背叛武帝，总算替他父亲东昏侯出了一口气。封王以后，萧综便为东昏侯举哀发丧，丧礼仪式格外隆重，连魏主和群臣也来致哀。为了昭示自己认祖归宗，萧综决心为父亲"斩衰"（服丧三年）。萧综还把自己的姓名改为萧赞，以示与武帝脱离父子关系——若是东昏侯不姓萧，他也一定会改易萧姓的。

梁国那方，军队主帅"人间蒸发"，将士们慌了手脚。魏军来攻，梁军大败。

消息传到首都建康，武帝起初以为萧综是畏敌而降，等到细作传来魏国方面的情况，武帝顿时气得七窍生烟。他随即斥闩吴淑媛，吴淑媛不敢隐瞒，如实招出，竟与细作所言吻合。皇室出现如此丑事，武帝引为奇耻大辱。他下诏削夺萧综的封爵和封地，撤除他的属籍，还改其姓为"悖"氏（悖逆的意思），并废吴淑媛为庶人。不久，武帝又下令毒死吴淑媛，以洗雪自己的耻辱。

母亲被毒死，萧综的下场也并不妙。北魏对他并不信任，始终未授以实权，这让萧综很不满意。两年后，叔叔萧宝夤被逼造反，萧综前去投靠，途中被魏军俘获杀死。

萧综无疑是一个很有才华也很有头脑的人，但是他的反叛行径却令人不齿。因为无论他与梁武帝有怎样的恩怨，这始终是一个国家内部的问题。他出卖自己的国家和军队，谋求私利，导致母亲被毒死，他自己最终也被杀，真是可鄙可叹。不过，萧综前后两次滴骨认亲的详细情况倒是在正史上被记了下来，他由此在法医学史上留下了"芳名"，成为进行亲子鉴定的第一人。

虽然滴骨认亲在我国出现得很早，在民间也颇为盛行，但是对其具体操作方法的介绍，则是来自于宋慈的《洗冤集录》：

> 检滴骨亲法，谓如某甲是父或母，有骸骨在，某乙来认亲生男或女，何以验之？试令某乙就身刺一两滴血，滴骸骨上，是亲生则血沁入骨内，否则不入。俗云"滴骨亲"，盖谓此也。

宋慈把检验的条件、方法和判定的标准等，进行了比较详细的记述，成为用法医方法进行亲权鉴定的最早记录。

到了明朝以后，社会上流行起了"滴血认亲"法。后人在注释《洗冤集录》的时候，就把这个方法也补充了进去。这样，在《洗冤集录》里面，就出现了两种亲子鉴定的方法：一是宋慈记载的"滴

第七讲　滴血认亲

> 萧综前后两次滴骨认亲的详细情况倒是在正史上被记了下来，他由此在法医学史上留下了"芳名"，成为进行亲子鉴定的第一人。

骨"法，另一种是后补的"合血"法。滴骨法用来确定生者和死者之间的亲属关系，合血法则用来鉴定生者之间的血缘关系，我们总称为"滴血认亲"。这两种方法被长期沿用，成为古代司法机关确认亲属关系的重要手段，对后来官府断案产生了深远的影响。

后代的官员们是怎么用"滴血认亲"法来审理案件的呢？

官府是怎么用"滴血认亲"法来判案的？

我们先来说滴骨法。

在清朝人注释的《洗冤集录》中，收录了这样一个案子。

康熙五十年（1711年），有一次，一个牛郎和一个猪倌在河边打架。牛郎一棍抡去，一下把猪倌的脑袋打破了，鲜血直流。猪倌一翻身掉进河里，尸体顺流漂走。牛郎吓跑了，后来被抓捕归案。

按照法律，牛郎犯了杀人重罪。但是他不肯服罪，因为猪倌的尸体始终没有找到。没有尸体，怎么能定杀人罪呢？县令无奈，只好命人暂时把牛郎收监，同时派人到河边搜寻猪倌的尸体。但是不知什么原因，猪倌的尸体就是找不到。狱中的牛郎反复喊冤，猪倌的家属也不停申诉，弄得县令焦头烂额。

过了三个多月，有人来向县令报告：在河边发现一具白骨。县令很高兴，以为找到猪倌的尸体了，马上升堂断案。可是牛郎还是不服罪，他说："大老爷，你们发现的是一具白骨，你们怎么能证明他就是猪倌呢？"

这下，县令也有点发懵。是呀，怎么证明呢？这时候，府衙里的一个师爷就给县令出主意："我们何不来个滴骨认亲？"一句话提醒了县令。他叫人找来猪倌的妻子和女儿，按照《洗冤集录》上的方法进行鉴定。猪倌女儿的血，很快渗入骨中；他妻子的血，虽然没有渗进去，但是却在骨头上凝成一团。这就说明，这具尸骨是猪倌的。

但是牛郎还是不服。县令恼了，他叫人割破牛郎的手指，也把血滴在白骨上。牛郎的血很快从白骨上流下去，既没有凝成一团，也没有渗进骨中。牛郎再也无话可说，只得服罪。

在这个案子中，县令就是用了滴骨法来断案的。猪倌女儿的血，因为血亲关系，很快渗入骨中；他妻子的血，因为"气血相通"，所以会凝成一团；而牛郎和猪倌，则是没有任何关系，所以血就会流走。

我们再来说说合血法。清朝有一个叫许仲元的，做过浙江昌化县的县官，他写了一本《三异笔谈》，书中记载了自己办的不少案子，其中一个案子是这样的：

有一个章某，家里很穷，妻子死了，没钱续弦，但是他并不安分，就和一个有夫之妇勾搭上了。妇人的丈夫因病去世，章某就立马和这个妇人成婚。两人婚后六个月，妇人产下一子，后来也没有再生育。

章某娶了妻得了子，心满意足，于是辛苦持家，家境逐渐殷实起来，有了两顷山田。这就引起了族人的垂涎，要谋夺章某的财产。他们说，章家的这个孩子六个月就出生了，没有足月，所以应该是妇人和他前夫的。如果孩子果真是章某的，那妇人怎么会一直没有再生育？这就说明，孩子是个遗腹子，不属于章氏血脉。他们要求章某另外在族里找一个章姓男孩，来承继"香火"。章某一家当然不干，族人也不罢休，双方因此产生纠纷，闹到县衙。

这个案子的关键是要证明孩子是不是章某的骨肉，该怎么办呢？许仲元说："此非滴血不辨。"也就是说，只能用合血法来验证。他让人取来一只大碗，自己亲自用温水洗净，再倒满泉水。然后

宋慈洗冤

让章某站在左边，孩子站在右边，把袖子都捋起来。许仲元用两枚大针同时刺入他们的胳膊，两缕鲜血就流了出来，落进碗中。接着，人们就看到一幅奇景："左者渐趋而右，右者渐趋而左，初甚纡徐，愈近愈速，翕然合同而化矣。"在碗中的两团鲜血互相靠拢，最后竟然融合到了一起！

既然两人的血可以融合一处，说明他们有亲缘关系，的确是父子，族人再也无话可说。

以上案例说明，"滴血认亲"是当时官府常用的亲子鉴定的方法。

南宋以后，《洗冤集录》逐渐成为官员们断案的指南，书中所载的一些法医学方法及其结论，也被奉为"金科玉律"。有些官员在办案的时候，只知道盲目遵循，也不考虑书中方法施行的条件，闹出不少笑话。

纪昀在《阅微草堂笔记》中记载了这样一件事。

有一个山西人，他把家产托付给弟弟照管，自己出外经商。他在外面娶了妻子，还生了一个儿子。到了孩子十多岁的时候，妻子病死了。后来因为买卖不好，这位山西人就带着儿子回老家了。到家后，弟弟唯恐自己手中代管的家产不保，就造谣说，哥哥的儿子不是亲生的，而是收养的。因为按着礼法，过继的儿子是不能继承父亲财产的。现在哥哥年纪大了，又没有子嗣，以后财产自然还是他的。兄弟俩争执了起来，最后告到县衙。

正赶上这里的县令是个糊涂官，他不去调查哥哥在经商时是否娶过媳妇，生过儿子，而是直接用合血法进行鉴定。一般来说，亲子鉴定在程序上应该是排在最后，非到万不得已，不宜使用。因为一旦鉴定失败或者失误，对当事人会产生很大影响，后果是很严重的。

> 南宋以后，《洗冤集录》逐渐成为官员们断案的指南，书中所载的一些法医学方法及其结论，也被奉为"金科玉律"。

不过这个糊涂县令很走运，他进行合血法鉴定，两个受验者的血竟然完全融合在一起。县令据此判定：孩子是哥哥的亲生骨肉。然后打了弟弟一顿板子，把他赶了出去。

挨了板子，弟弟很不服气。回到家中，他仿照县令的做法，把自己和儿子的血放进水里，但并不凝在一起。于是他以这个试验结果去知府那儿上诉，说县令的方法不能作为判案的依据。

知府接到案子，也没有去调查哥哥是否曾经娶妻生子，因为他对合血法的鉴定结果是深信不疑的——《洗冤集录》还会有错吗？反过来，他倒对弟弟进行了一番调查。调查的结果是，弟弟的老婆与人有奸情。这下就可以解释了，之所以验血不合，是因为这个孩子根本就不是弟弟的，而是别人的。于是，太守驳回了弟弟的上诉。

这个案子判下来，弟弟羞得无地自容，"竟出妇逐子"，自己也跑到外地，家中的资产"反尽归其兄"。

在封建社会，像这样泥古的县令、知府是很多的。在这个案子中，如果不是哥哥和他的儿子正好"血合"，那肯定又是一起冤案了。

那么，滴血认亲法的准确性究竟如何呢？

滴血认亲科学吗？

先说滴骨法。

我们从《洗冤集录》的内容来看，宋慈很可能做过这样的亲子鉴定，很可能还取得了成功，否则他不会把这个方法记载下来。

不过，他的记录还不是很详尽。后人在给《洗冤集录》注释的时候，就补充说，实验用的白骨要进行清洗，把它刷白，然后

宋慈洗冤

用炭火烤干。但是要注意，不能用盐水洗，白骨一旦用盐水洗过，那就什么血都渗不进去了。滴血的时候也要注意，不能滴在骨头破损的地方，那里谁的血都能渗进去。最后，还要观察血渗进去以后，在滴血处是否出现一小片"红荫"。只有有了红荫，才能最终做出鉴定结论。

从后人的补充来看，滴骨法是被多次使用的，人们从中还总结出了一些注意事项。不过，由于现在我们没有做过滴骨法的实验，所以，这个方法的准确性究竟如何，还是一个谜。

再说合血法。

和滴骨法一样，后人在使用的时候，也总结出了一些经验，大致有这样几条：

第一，检验用的器皿。古人多用大碗来合血，不会用盆之类的东西，因为器皿大了，盛水很多，会影响检验结果。

第二，检验用的水。古人注意到，鲜血遇到盐、醋、白矾等物都会凝聚；而遇到清油就会散开，不能凝聚。所以，有人就会做些手脚，比如先用盐、醋、白矾等擦拭实验器皿，或者在水中加一点清油，这样检验的结果肯定就不准了。那怎么办呢？有经验的官员会让人到店铺去买一个新器皿，或者当众清洗实验器具，这样就能防止作弊。前述案例中，县令许仲元亲自把实验用的大碗用温水洗净，再倒进泉水，就是这个原因。

第三，滴血的方式。受验人的血，要一齐滴进大碗，不能有先有后。否则，血有冷热之别，不能融合。滴进去的位置也要适中，如果距离太远，血也不能"合"。

这样看来，合血的过程是相当精细和烦琐的，如果操作不当，很容易出问题。

《病榻梦痕录》就记载了这样一个案子。

> 这样看来，合血的过程是相当精细和烦琐的，如果操作不当，很容易出问题。

第七讲 滴血认亲

湖南零陵县有兄弟二人，家境富裕，后来分家另过。弟弟病故后半年，弟媳产下一子。哥哥觊觎弟媳家的财产，就买通了她家的女仆，让她说这孩子是自己的。然后，哥哥到县衙起诉，说弟弟家没了"香火"，要求把自己的一个儿子过继到弟弟家去。

我国封建社会很注意保护宗法和家族的关系，以维护社会的稳定。如果弟弟真的"绝后"，县令肯定是会按照哥哥的意愿进行判决的，弟媳当然不愿让哥哥的阴谋得逞。这个案子打起来后，双方都找了很多的证人，大家在大堂上吵吵嚷嚷，也辩不出一个是非曲直。

县令无奈，只好用合血法来进行鉴别。但是，由于操作不当，亲子鉴定出现失误，一连做了四次，都不能下结论。这一下，哥哥来劲了，缠讼不已，一气闹了四年多。

后来，府衙派了一个师爷专门来解决这个问题。

鉴于亲子鉴定已经失败，不能再用这个方法，师爷只能另辟蹊径。他仔细阅读卷宗，发现了问题：那些证人的证词大多不能说明问题的关键，也就是孩子出生前后的情况。在关键证人中，只有一个奶妈，没有稳婆（接生婆）；而这个奶妈却是女仆提供的证人。于是他就把弟媳传来问话。弟媳回忆说，自己生产的时候，请了一位稳婆，还请了几位邻居大娘，她们现在都健在。孩子原来是自己哺乳的，但是四个月后得了奶痈，也就是乳腺炎，只好请奶妈。这个奶妈是由女仆去联系的。师爷又询问弟媳的奶痈是请哪位医生治疗的，现在什么地方等等，弟媳一一做了回答。

师爷对弟媳的话逐一查证，然后升堂审案。他传唤稳婆、邻居大娘、医生到大堂，哥哥和女仆傻了眼，只得服罪。

这个案子说明合血法存在很多问题，其结果"未可俟"，也就是未可全信的意思。其实在当时官府审案时，并不会完全依靠滴

> 这个案子说明合血法存在很多问题，其结果"未可俟"，也就是未可全信的意思。

宋慈洗冤

血认亲的鉴定结果来定案，还会参考其他一些证据，形成一个证据链条，最后才判案。

《洗冤集录》所记载的两个滴血认亲的方法——滴骨法和合血法——在今天看来，都不十分科学。不过，我们要注意到，滴血认亲是在特定场合、特定人群中做的，大量的案例说明，它还是有一定的准确性的。特别是合血法，它说明我国古代已经注意到父母血型对子女血型的影响，这是一大发现，它是后世血清检验法的萌芽，是现代亲权鉴定血清学的先声，这比世界各国同类记载要早得多。

到了1901年，奥地利维也纳大学的卡尔·兰茨泰纳发现了ABO血型系统。由于这一重大发现，卡尔·兰茨泰纳获得了1930年的诺贝尔生理学或医学奖。血型的发现，开启了人类亲子鉴定的新时代。

> 特别是合血法，它说明我国古代已经注意到父母血型对子女血型的影响，这是一大发现，它是后世血清检验法的萌芽，是现代亲权鉴定血清学的先声，这比世界各国同类记载要早得多。

我们怎么能根据血型进行亲子鉴定呢？请看下表。

血型与亲子关系对照表		
亲代	子代可能	子代不可能
A型+B型	A型、B型、AB型、O型	
A型+A型	A型、O型	B型、AB型
B型+B型	B型、O型	A型、AB型
一方或双方AB型	A型、B型、AB型	O型
A型+O型	A型、O型	B型、AB型
B型+O型	B型、O型	A型、AB型
O型+O型	O型	A型、B型、AB型

表中列出了父母遗传给子女血型的各种可能。我们根据这张表，抽取父母和子女的血液进行化验，查查他们的血型，就可以进行鉴定了。

不过，血型法是排除式的鉴定，可靠性也存在一些问题。这是什么意思呢？

第七讲 滴血认亲

我们举个例子。如果孩子的血型是 A 型，那么父母的血型绝不可能都是 B 型、O 型或者一方为 B 型、另一方为 O 型，这是血型的遗传规律。如果出现了相反的情况，我们就可以初步判定孩子和父母没有血缘关系。但是，如果孩子的血型是 A 型，父母有一方的血型是 A 型或者 AB 型——这是符合遗传规律的——我们就可以确定孩子和父母有血缘关系吗？如果孩子是领养的，或者通奸而生呢？血型法是无法回答这个问题的。

因此，血型法实际上是进行"亲子否定"，它存在很大的缺陷。到了二十世纪八十年代，司法界开始普遍使用 DNA 技术，才一劳永逸地解决了这个难题。人类的亲子鉴定，经过肯定—否定—肯定这样一个循环上升的发展过程，最终画上了一个句号。

滴血认亲的方法，现在看来有点可笑。可是在那样一个年代，由于人们认识的局限性和科学手段的缺乏，古人能够把滴血认亲运用到法医勘验当中去，已经是很了不起了。由于官府对这个方法的认可，推动了民间"血亲"观念的发展，以至于形成了一种文化现象。对于这种奇特的现象，还有待于进一步研究。

> 滴血认亲的方法，现在看来有点可笑。可是在那样一个年代，由于人们认识的局限性和科学手段的缺乏，古人能够把滴血认亲运用到法医勘验当中去，已经是很了不起了。

这一讲，我们介绍了《洗冤集录》记载的一种亲权鉴定方法——滴血认亲。这是古人试图用技术方法来解决法律问题的一种尝试，虽然有些幼稚可笑，但是这种科学精神还是值得肯定的。在《洗冤集录》中，还记载了古人的另外一种尝试——验毒。那么，这是一种怎样的方法呢？

请看下一讲《银钗验毒》。

第八讲　银钗验毒

鸩毒究竟是怎么回事？
被砒霜毒死是什么情状？
古代还有哪些毒物呢？
古人为什么会用银钗验毒？

上一讲，我们说的是《洗冤集录》记载的用滴血来进行亲权鉴定的一种法医方法，这种方法在我国古代甚至衍化成为一种法律文化现象。类似的情况还有，宋慈在《洗冤集录》中还记载了一种验毒的方法。

这是一种什么方法，宋慈是怎么去验毒的呢？

我们先从传说中的鸩毒说起。

鸩毒究竟是怎么回事？

鸩毒是我国古代非常有名的一种毒药，一般放在酒中，饮之立死。

鸩毒为什么那么厉害呢？这就要说到鸩鸟了。

鸩鸟比鹰略大，与雕或猫头鹰大小相似，羽毛紫黑色或紫绿色，有着一个长长的脖子和赤色的喙，脖子周围是一圈发亮的羽毛，眼里充满了血红的颜色。雄鸟名叫运日，雌鸟称为阴谐，双飞双宿，倒也很恩爱。据古籍记载，鸩鸟的叫声有天气预报的作用：雄鸟

> 鸩毒是我国古代非常有名的一种毒药，一般放在酒中，饮之立死。

运日一叫，肯定是连续的大旱；而雌鸟阴谐一鸣，则往往是连绵的大雨。

鸩鸟生活在山林里，它喜欢筑巢于高达数丈的毒栗子树上。毒栗子，人畜吃了会死，而鸩鸟却视为美餐。除此之外，它也啄食毒蛇。

可能是因为以毒物为食，所以鸩鸟浑身是毒，非常可怕。鸩鸟巢下数十步内寸草不生，它栖居的树林周围的石头上都有暗黑的斑点和细微的裂痕，这是鸩鸟的粪便落在石头上的缘故。唐朝的张鷟在《朝野佥载》中说，鸩鸟喝水的地方附近，会看到犀牛。犀牛喜欢洗它的角，如果它不洗角了，说明鸩鸟一定来过，水中有毒，人若误饮此水，一定会中毒而死。《离骚》中有这样一句："吾令鸩为媒兮，鸩告余以不好；雄鸠之鸣逝兮，余犹恶其佻巧。"说屈原看见有女戎国的美女，便托鸩鸟为媒，鸩鸟不肯并且远离了他。接着他又想托雄鸠（应该是另外一种鸟）为媒，但又犹豫狐疑，怕它完不成任务。连鸩鸟也可以托之为媒，可见屈原相思之"毒"已是深入骨髓了。

人们最常用的是鸩鸟的羽毛，制毒的方法也非常简单，以鸩羽拂于酒上，酒色香味不变，而鸩毒尽入。人喝了这样的酒就会翻起白眼，身打寒颤，晕晕乎乎像喝醉了一样，心中明白但口不能言，等到眼睛闭上就死了。

被鸩羽拂过的酒，叫鸩酒，是杀人的利器，"惧鸩忍渴""饮鸩止渴"等成语也就源于此。古籍中有很多关于以鸩酒杀人或自杀的记载，我们来举几个例子。

早在春秋时期，鸩酒就已经被用作谋杀的工具。晋献公的王后去世，他就宠爱一个叫骊姬的女子。这个宠妃为他生了一个儿子奚齐，献公想立骊姬为新王后。骊姬并不满足，她想让自己的

第八讲　银钗验毒

> 被鸩羽拂过的酒，叫鸩酒，是杀人的利器，"惧鸩忍渴""饮鸩止渴"等成语也就源于此。

儿子成为太子。但是献公那个过世的王后的儿子申生已经被立为太子了，于是骊姬就想除掉他。骊姬派人对申生说："国君昨晚梦见了你的母亲，你应该赶快去先王后的墓前拜祭一下。"于是申生就去祭拜母亲，回来以后，按照当时的礼制，他把祭祀用的酒肉献给父亲献公。

骊姬以鸩入酒，以毒药傅（涂抹）肉，然后让人托着酒肉来见献公，对他说："这是太子祭祀母亲的祭品，献给您享用的。"献公很高兴，拿过杯子就要喝酒。骊姬跪下说："酒食自外而来，不可不试。"献公想想也对，于是向地上洒了点酒，地面马上鼓起了大包。献公大惊，叫人切了一块肉给狗吃，狗吃了以后，立刻死掉。骊姬还假装不信，叫一个小内侍来试酒肉。那个内侍在旁看到了事情的经过，哪里肯吃？骊姬就命人逼他吃下。酒肉才下肚，内侍就七窍流血而死。

骊姬立刻就推动剧情的发展。她抢下堂去，仰天大呼："苍天啊！这个国家以后就是太子的呀。现在君王已是垂暮之年了，王位早晚是他的，可是他难道连这一点时间都不能等了吗？一定要杀死自己的父亲吗？"然后奔上堂来，对献公跪下说："太子这么做，恐怕是因为我们母子吧。您立我为后，太子感到受了威胁，所以才出此下策。大王把酒肉赐给我吧，我愿意一死，让太子出出气！"说罢，端起酒杯，装模作样就要喝。

骊姬的一番哭闹让献公昏了头，他夺过酒杯，扶起骊姬，愤愤地说："孤当诛此贼子！"

消息传来，有人对太子说："您应当申辩，国君一定会辨明是非的。"申生说："我一申辩，骊姬必定获罪。父亲现在老了，如果没有了骊姬，他会睡不安、吃不好的。"那人劝道："要不您出走吧。"申生说："我背着弑父的罪名出走，又会有哪个诸侯国肯

宋慈洗冤

152

接纳我呢？"被逼无奈之下，这位忠厚的太子只得上吊自尽。

骊姬接着又诬陷献公的另外两个儿子重耳和夷吾知情不报，是同谋。这两人只得出逃。

除去了各种障碍，骊姬的儿子奚齐被立为太子。献公死后，年仅十一岁的奚齐就继承了王位。

但是，靠阴谋得来的富贵并不长久。申生、重耳和夷吾的遭遇让许多大臣非常同情，他们也很不服气，很快就发动政变，杀死了奚齐，那个阴险狠毒的骊姬也只得投水自尽。令骊姬垂涎的王位，先是落在夷吾手中，过了一段时间，又被重耳获得。这个重耳很有名，他就是春秋五霸之一的晋文公，晋国在他的经营下达到了极盛。

这个故事里，申生虽然不是直接死于鸩毒，但从史料的记载来看，鸩酒的毒性实在是令人畏惧。

汉朝是鸩酒杀人的"黄金时期"，有关的记载时常见于史籍。

最先用鸩酒的是吕后。

高祖刘邦晚年，觉得太子刘盈过于仁弱，不堪大任，就想废掉他，改立宠姬戚夫人所生的儿子刘如意。吕后为了保全太子，就向张良求教。张良出计，让她为刘盈请出商山四皓。一次，刘邦置酒宫中，召太子侍宴。太子应召入宫，四皓一同进去，站在他身后。看到四个白发苍苍的老者，刘邦很是惊异，就问他们："你们是谁？"当听说他们就是商山四皓时，大为吃惊："我请你们多年，你们都逃避我。现在为什么要随从我的儿子呢？"四位老人回答："陛下轻视读书，又爱骂人，我们不愿受辱，又因为恐惧，所以才逃亡。如今听说太子仁孝恭敬，爱护天下读书人，天下人都愿意为太子效死力，所以我们就来了。"刘邦沉默了，过了一会儿，他说："烦请诸位替我照顾好太子。"

刘邦看着离去的四位老人，对戚夫人说："我想更换太子，但是，他们四位高士都来辅佐太子，太子的羽翼已经丰满，难以撼动了啊！"戚夫人听后，失声痛哭。刘邦安慰她说："夫人不要哭了，你为我跳一支舞吧，我给你唱一首歌。"戚夫人跳起舞，刘邦按着节拍，唱道：

鸿鹄高飞，一举千里。

羽翮已就，横绝四海。

横绝四海，当可奈何！

虽有矰缴，尚安所施！

从此之后，刘邦再也不提废立太子之事。

无法立刘如意为太子，如何安置母子俩成了刘邦心中的头等大事。这时候有个官员向刘邦献上一计："可以打发刘如意到自己的封国，再派一个有能力且受皇太子敬重的大臣去刘如意的封国做国相。这样事情不就解决了吗？"刘邦很快就这样做了，他委托周昌跟随刘如意到了封国赵国。

刘邦不久就死了，太子刘盈继位，这就是惠帝。

吕后开始了她的报复。她随便找了一个理由就把戚夫人打入冷宫，把她漂亮的头发一根一根全部扯下来，用铁链拴住脖子，只给穿粗笨的囚衣，让她天天捣米。戚夫人没日没夜地捣米，一边捣米一边流泪，一边流泪一边唱歌：

子为王，母为虏！

终日舂薄暮，常与死为伍！

相离三千里，当谁使告汝？

戚夫人还企盼儿子来救她。

不料被吕后闻知，她愤然大骂："贱奴尚想倚靠儿子么？"说完，便使人前往赵国，召赵王如意入朝。一次往返，赵王不至，两次往返，赵王仍然不至。吕后愈加动怒，询问使者，原来是被赵相周昌阻拦。周昌对使者说："臣奉先帝遗命保护赵王。太后召赵王入朝，显然是不怀好意，所以臣不敢送他去京城。何况赵王最近有病，也不能奉诏，且等来日吧。"这话软中带硬，点出了吕后的险恶用心，吕后倒也不敢降罪于他。狡猾的吕后就采取迂回战术，征召周昌进宫。周昌前脚刚离开赵国，吕后又下了一道命令，征召刘如意。如意还是一个孩子，没有什么主见，闻诏只好前往。

惠帝是一个很仁厚的人，他很想保护自己这位同父异母的弟弟。于是，他亲自乘辇出迎，然后携如意一同入宫觐见太后。吕后一见，不便骤然发作，勉强敷衍数语。惠帝知道母亲心意，赶忙带如意到自己宫中，朝夕相伴，以免吕后加害。惠帝元年（公元前194年）十二月中，惠帝一早起来，要去射猎。时值隆冬，如意年纪尚小，贪眠未醒。惠帝不忍唤起弟弟，觉得稍离半日，谅亦无妨，于是就出宫了。趁这个机会，吕后派人鸩杀了如意。惠帝射猎归来，如意已七窍流血，呜呼毕命！惠帝抱着尸首，大哭了一场。他是一个软弱的人，也不敢找母亲理论，只得吩咐左右，用王礼殓葬如意，谥为隐王。

接着，吕后又砍去戚夫人手脚，挖去眼睛，熏聋她的耳朵，又迫她喝下哑药，然后丢入厕中，唤作"人彘"（人形猪的意思）。做完这一切，吕后得意洋洋地让儿子来欣赏自己的"杰作"。当惠帝得知"人彘"就是戚夫人时，不禁大惊失色，他泪流满面，喃喃地说："太残忍啦！这哪里是人做的事，太后如此，我还怎么治理天下！"自此以后，惠帝天天借酒消愁，只当了七年皇帝就病

第八讲 银钗验毒

> 惠帝射猎归来，如意已七窍流血，呜呼毕命！惠帝抱着尸首，大哭了一场。

宋慈洗冤

死了。

两汉见诸史书的有两个王莽，他们都用鸩酒杀过人。

第一个王莽是武帝后期的重臣。武帝死前，诏立幼子刘弗陵为皇太子，霍光、金日䃅、上官桀三人辅政，但是没有王莽的事。王莽很不服气，他的儿子王忽就造谣说："先帝驾崩的时候，我就在旁边，从来就没有见他下过什么诏书。霍光他们怕是矫诏吧？"此时，先皇已死，新帝刚立，政局不稳，这件搅乱朝政的事自然要追查，霍光直接找到了王莽。王莽害怕了，为了保命，他鸩杀了自己的儿子，算是对霍光有个交代。

第二个才是我们熟悉的那个篡汉自立的王莽。他鸩杀的是谁呢？居然是汉平帝刘衎。

元寿二年（公元前1年），哀帝去世，太皇太后诏命王莽主持朝政。因为哀帝并未留下子嗣，王莽立九岁的皇室子孙刘衎为帝，这就是汉平帝。为了防止刘衎母亲卫氏一家（外戚）分享自己的权力，王莽把卫家封到中山国，禁止他们回到京师，后来又借机诛杀。平帝渐渐长大，知道了这件事情，对王莽非常痛恨。但是这个少年皇帝没有政治经验，时常对左右诉说自己的不满，这些话悉数被王莽得知。王莽怕平帝长大成人后复仇，所以一不做二不休，先下手为强。

元始五年（5年）的一天，平帝过生日。王莽弄了一杯鸩酒，然后亲自献上，为皇帝祝寿。王莽献的酒，平帝不敢不喝。他喝下以后，得了重病，没几天就死了。平帝死时年方十四，当然没有儿子，王莽从刘家的宗室里找了一个两岁的幼儿做皇帝。又过了几年，这个小孩把帝位"禅让"给王莽，王莽做了皇帝，改国号为新。

汉朝还有一个被鸩杀的皇帝——东汉的少帝刘辩。

刘辩为灵帝和何皇后所生。不过，灵帝嫌刘辩"轻佻无威仪，

> 王莽献的酒，平帝不敢不喝。他喝下以后，得了重病，没几天就死了。

不可为人主"，所以在他死前，嘱咐周围的宦官，要立刘辩的弟弟、自己的另外一个儿子刘协为帝。但是，刘辩的舅舅、大将军何进发动政变，杀死了这些宦官，立刘辩为帝，这就是少帝。不久，宦官的势力卷土重来，谋害了何进。何进的手下入宫诛杀宦官，宦官们劫持刘辩和刘协出宫逃亡，途中遇到了大军阀董卓的大军，落到了他的手上。董卓控制朝廷后，为了立威，废少帝，立时年九岁的刘协为皇帝。但是董卓废帝，引发各路诸侯的不满，为了绝除后患，董卓命手下给刘辩送去一杯鸩酒，将其杀害。少帝在位仅五个月。

鸩毒的可怕，引起了朝廷的重视。从晋代开始，官府下令禁止鸩毒。"时制，鸩鸟不得过江"，意思是产于南方的鸩鸟不允许带过长江。

西晋初年有一个著名人物，叫石崇，他是史上有名的"炫富男"。据《世说新语》上说，有一次晋武帝赐给舅父王恺一棵二尺来高的珊瑚树，这棵"树"树干伸展、枝条繁茂，非常罕见。王恺很得意，就把珊瑚树拿来给石崇看。哪知石崇看后，随手就用铁如意打了过去，珊瑚树顿时粉碎。王恺又是惋惜又是愤怒，认为石崇是嫉妒。石崇笑着说："这不值得您发怒，我现在就赔给您。"他叫手下把家里的珊瑚树全都拿了出来，叫王恺随便挑。这些珊瑚树大的有三四尺高，树干枝条光耀夺目，像王恺那样二尺来高的就更多了。王恺非常羞愧。

有一次，石崇不知从哪儿得到了一只鸩鸟的雏鸟，因为非常稀有，就把它送给了王恺，这也有点儿炫耀的意思。王恺得到了雏鸟，非常爱惜，悉心养护。这件事情后来被司隶校尉傅祗揭发，告到皇帝那儿。但是这个触犯禁律的事情，却没有让石崇、王恺获罪，朝廷下诏宽宥了他们。那只小鸟却倒了霉，在街市上被当众烧死。

第八讲　银钗验毒

宋慈洗冤

> 由于官府的严厉禁止，这以后，鸩鸟就像镶嵌了金边的乌云，被暴力的风从历史的天空彻底地抹去了，以至于是否存在过鸩这样一种鸟也不得而知了，我们只能通过过往的文字来复原它凌厉的形象。

后来到了东晋的升平二年（358年），一个叫王饶的竟然向朝廷进献鸩鸟。晋穆帝大怒，下令把王饶鞭打二百，并把那只鸩鸟当众烧死在京城的十字路口。

由于官府的严厉禁止，这以后，鸩鸟就像镶嵌了金边的乌云，被暴力的风从历史的天空彻底地抹去了，以至于是否存在过鸩这样一种鸟也不得而知了，我们只能通过过往的文字来复原它凌厉的形象。

晋代以后，施毒杀人的方法越来越多，比较常见的是使用砒霜，因为这种毒药很常见，在药店里就能买得到。不过，由于用鸩毒是一种历史悠久的用毒方法，所以即使是用其他毒物谋人性命，人们也习惯性地称之为"鸩"或"鸩杀"。

那么，被砒霜毒死的人是什么情状呢？

被砒霜毒死是什么情状？

我们来看看《水浒传》里描写的一个案子：武大郎被害案。

潘金莲与西门庆通奸，被武大郎捉奸在床。西门庆情急之下飞起一脚，踢中武大心窝。武大受伤倒地，西门庆趁机得脱。

侥幸逃脱的西门庆，害怕武松知道这件事后前来寻仇。在王婆的撺掇下，他买来砒霜，交给潘金莲，要她杀人灭口。

晚上，潘金莲在药里下了毒，扶起病中的武大郎，让他把药吃下。毒药发作后，武大在床上疼得打滚，潘金莲就扯过两床被子，压在他身上。武大郎在被子里叫道："我也气闷！"潘金莲说："太医分付，教我与你发些汗，便好得快。"她怕武大挣扎，干脆跳上床骑在武大身上，还用手紧紧地按住被角。被子里面的武大喘息了一会儿，就不动弹了。潘金莲掀开被子一看，武大面目狰狞，已经死了。

第八讲 银钗验毒

毒死武大郎之后，还要焚尸灭迹。宋朝受到佛教的影响，火化盛行，不过火化是要经过一个程序的，需要地保在场见证。西门庆于是找到了地保何九叔，给了他一锭十两的银子。何九叔惧怕西门庆的势力，只得收了银子。但是来到现场，他发现武大面皮紫黑，七窍内津津出血，唇口上微露齿痕，定是中毒身死。他待要声张，却害怕得罪了西门庆；又想到武大郎的兄弟武松也不好惹，这件事迟早要被揭破。怎么办呢？火化结束后，何九叔支开潘金莲等人，用火夹夹出两块骨头，偷偷包了起来。回到家中，他看看武大郎的骨殖，是酥黑的，这是中毒身死的证据。何九叔用一张纸写下了火化时间、送丧人的名字，把这些和武大的骨殖、那锭十两的银子一起包了起来，留待以后万一事发，好做个见证，以免牵连自己。

《水浒传》里还有一个宋江被下"慢药"案。

剿灭方腊以后，梁山一众头领受到朝廷赏赐，宋江还被授为楚州安抚使，这就引起了奸臣高俅等人的嫉恨。他们怂恿徽宗皇帝，要谋害宋江。

宋江正在任上，朝廷忽然降赐御酒。钦差来到公廨，宣读了圣旨，然后捧过御酒，让宋江喝。宋江不疑有诈，一饮而尽，然后也倒了一杯御酒，馈赠钦差。钦差却说自己不会饮酒，没有喝。钦差降临，宋江自然得孝敬一二，但是这个钦差倒是很"清廉"，居然也不接受，只是急急离去。等到钦差走了，宋江开始感到肚腹疼痛。他心中疑惑，就派手下前去打探。手下回报说，那个钦差回到驿馆，就喝酒了。宋江何等精明？联想到钦差的所作所为，立刻知道自己中了暗算，被下了"慢药"。这是朝廷要除掉他呀。

被下了"慢药"，未必无法救治。但是宋江想到了更深一层，那就是朝廷对他们这些招安而来的"贼寇"，始终是不放心，必欲

> 剿灭方腊以后，梁山一众头领受到朝廷赏赐，宋江还被授为楚州安抚使，这就引起了奸臣高俅等人的嫉恨。他们怂恿徽宗皇帝，要谋害宋江。

宋慈洗冤

除之而后快。而招安以后，水泊梁山东讨西杀，特别是征方腊一役，头领们十损其八，已经不复昔日辉煌。这时候，头领们大多已有家室子女，一旦再反，难以照顾周全。宋江思前想后，决定放弃反抗，静心等死，以自己的死，换得众兄弟和那些家眷、子女们的平安。不过，他又想到了黑旋风李逵，这位毛毛糙糙的草莽英雄，是不会理解自己的一番苦心的。一旦自己被朝廷暗害的消息传出去，他一定会跳出来，带着众兄弟再次造反，这就会是后梁山时代的大灾难。那该怎么办呢？宋江思忖多时，下了狠心。

他让人把远在镇江的李逵叫来。兄弟两人多日未见，自然开怀畅饮。酒到半酣，宋江把自己中毒的事情和盘托出，李逵听罢，大叫一声："哥哥，反了罢！"

宋江说："兄弟，军马尽都没了，兄弟们又各分散，如何反得成？"

李逵道："我镇江有三千军马，哥哥这里楚州军马，尽点起来，并这百姓，都尽数起去，并气力招军买马，杀将去。只是再上梁山泊倒快活！"

李逵做事，就像他的绰号一样风风火火，绝不瞻前顾后。一旦起事，后果严重，这是李逵想不到，也不愿去想的。但是，宋江不能让这件事情发生，他对李逵说，你的酒中也下了"慢药"，回去必死，然后又说："你死之后，可来此处楚州南门外，有个蓼儿洼，风景尽与梁山泊无异。和你阴魂相聚。我死之后，尸首定葬于此处。我已看定了也。"水泊梁山的人，对死生看得淡，对兄弟之情看得却很重，所以李逵也没有埋怨宋江。不久，宋江毒发身亡，李逵也毒发身死，两人同葬蓼儿洼。

毒死宋江和李逵的"慢药"，就是砒霜，只是经过了炼制，使砒霜药性发作慢一点而已。

法医学有一个重要的分支学科，叫作毒物学。毒物学起步时，

> 水泊梁山的人，对死生看得淡，对兄弟之情看得却很重，所以李逵也没有埋怨宋江。不久，宋江毒发身亡，李逵也毒发身死，两人同葬蓼儿洼。

面临的主要毒物就是三氧化二砷——砒霜，这是一种既能够置人死地、又不会在中毒者体表和内脏显露出明显损伤痕迹的毒物。不过，我国古代的法医实践中，还是总结出砒霜中毒的一些典型特征。宋慈在《洗冤集录》里面是这么写的：

> （砒霜毒）遍身发小疱，作青黑色，眼睛耸出，舌上生小刺疱绽出，口唇破裂，两耳胀大，腹肚膨胀，粪门胀绽，十指甲青黑。

宋慈说，中砒霜毒的死者尸体包括指甲均呈青黑色，全身上下有许多小疱，眼睛突出，口唇裂开，舌头上有小刺疱，两耳肿大，腹部膨胀，肛门胀裂。这种死相其实是很"难看"的，不过因为没有明显的伤损，加上人们对死人有些忌讳，不加辨察，往往就会忽略。宋慈还说：

> 若经久，皮肉腐烂见骨，其骨黪黑色。

也就是说，砒霜渗进骨骼，会使骸骨变成浅黑色。由此看来，《水浒传》的作者说不定也是读过《洗冤集录》的，否则，就不会有何九偷藏武大的黑色骨殖留下证据这个细节的描写。只是真正的砒霜中毒，骨殖是浅黑色，不会呈黑色那么夸张而已。

除了砒霜，古代还有哪些致人死命的毒物呢？

古代还有哪些毒物呢？

在《洗冤集录》里还记载了一些毒物，其中一种叫断肠草。

> 由此看来，《水浒传》的作者说不定也是读过《洗冤集录》的，否则，就不会有何九偷藏武大的黑色骨殖留下证据这个细节的描写。

宋慈洗冤

这是一种植物，它的命名和神农氏有关。

相传，神农生来肚子就是透明的，能够清楚地看到自己吃到腹中的东西。当时，老百姓有病无法医治，神农很着急，他就常年奔走在山林原野间，遍尝百草，寻找能够解除百姓疾病苦痛的药材。这位伟大的先人，为了人类的福祉，自己却付出了惨重的身体代价，民间流传着他一日而遇七十毒的说法。有一次，他尝到一种植物，马上感觉不对。神农正要自我解救，却看到自己的肠子已经断成一截一截的了。没多久，神农就死了。而这种植物也因此出名，被称为"断肠草"。

能让伟大的神农肠子寸寸断裂，可见这种植物毒性之烈。据沈括的《梦溪笔谈》记载，如果不小心误吃断肠草，即便只有半片叶子，也能致人死亡；如果和水服用，毒性发作更快，往往杯子还没放下人就已经死了。北宋年间，在宋慈的家乡福建，当地人常用断肠草做毒药杀人，或用来自杀。到了南宋，可能断肠草已经成为一种常见的毒药，所以宋慈就把它记入了《洗冤集录》。

还有一种毒很奇怪，叫"金石药毒"。

按照《洗冤集录》的记载，吃了这种金石药毒，死状很惨：

> 金石药毒者，其尸上下或有一二处赤肿，有类拳手伤痕；或成大片青黑色，爪甲黑，身体肉缝微有血；或腹胀，或泻血。

中了金石药毒的死者，有的全身上下会有一两处红斑，有些像拳头打的伤痕；有的出现大片青黑色，指甲发黑，身体缝隙处有点状出血；有的腹部膨胀；有的便血。那么，这到底是怎样一种毒呢？

其实，这种毒就是"丹毒"。

第八讲 银钗验毒

古人相信，服食某种药物，就可以长生不死，甚至升天成仙。在《山海经》等古籍里，记载了很多这样天然生成的植物和动物。不过，这样的东西实在难得，于是人们想到了炼制有同样功效的药物，这就是后来道家的"外丹"。

所谓外丹，就是以天然矿物为原料，经过烧炼，得到的一种可以服后"长生不死"的丹药。历史上的炼丹道士，有主张炼制和服食黄金、丹砂的金砂派；有提倡以铅料、水银为至宝大药的铅汞派；还有极言用硫黄、水银合炼以求神丹的硫汞派。但是，如果服食了他们炼制的丹药，却只能猝死而不能长生，因为这些丹药"怀大毒在其中"。炼丹所用的铅、汞、硫、砷等矿物质都是含有毒素的，对大脑、脏腑的损害相当大，所以，这些丹药和害人的毒药没什么两样。

> 所谓外丹，就是以天然矿物为原料，经过烧炼，得到的一种可以服后"长生不死"的丹药。

但是，益寿延年的愿望使得人们相信这种传说和做法，这就形成了一种服食丹药的社会现象。而有唐一代，由于帝王的崇信，丹药危害尤剧。

我们从唐太宗李世民说起。这位中国历史上最出类拔萃的人物之一，到了晚年也犯了一个低级错误。《新唐书》记载了这样一件事情：

贞观二十二年（648年），右卫率长史王玄策讨伐天竺国获胜，掳得一个名叫那罗迩娑婆寐的方士，此人自称有长生之术。王玄策大喜，就把他献给了皇帝。

李世民召见了这个方士。这个那罗迩娑婆寐吹嘘自己已经二百多岁了，一番天花乱坠地胡扯，让皇帝深信不疑，对他敬若神明。李世民当即把他安排到金飚门客馆，让他炼制丹药，并命兵部尚书崔敦礼负责此事。这个印度方士开出了药单，里面的药材很古怪，比方说咀赖罗叶。这种咀赖罗树生长在深山的崖洞中，

宋慈洗冤

有大毒蛇守护，人们无法接近。怎么摘叶子呢？那罗迩娑婆寐说："以方镞矢射枝则落，为群鸟衔去，则又射，乃得之。"原来程序很烦琐，人们先要用方头的箭把叶子射下来，等到鸟儿把落叶衔出洞口，再用箭射下鸟，从鸟口中得到树叶。这种药材大唐帝国是没有的，朝廷于是派使者到婆罗门等国求取。

药材全了，印度方士就开始炼药。普通的道士用的是深山或者深井中的水，但是那罗迩娑婆寐用的是一种"畔茶法水"。这种水出自石臼当中，周围有石像人守护，水有七种颜色，各色水有的冷有的热，能销熔草木金铁，如果把手探入水中，皮肉立即腐烂。怎么取用呢？要用骷髅去舀。现在看来，这种"畔茶法水"可能是一种强酸。可是用强酸炼制的丹药，能吃吗？

等到丹药炼好，印度方士就把它敬献给皇帝。李世民一年前曾患风疾症，大概是神经性头痛之类，吃了丹药后，病情非但未见好转，反而加重。他又遵方士之嘱，加大服用剂量，结果严重中毒，于次年五月暴亡，年仅五十一岁。

唐太宗之死，并未引起儿孙们的警觉，在他之后，仍有好几位皇帝服食丹药以求长生。

唐朝中后期，出了一个宪宗李纯。唐宪宗在史书上很有名，号称唐朝的"中兴之主"。不过，这个政治上颇有作为的皇帝，在思想上也像李世民那么糊涂。

朝中大臣向他推荐了一个方士，叫柳泌。柳泌比那个那罗迩娑婆寐还能吹，自称已经四百岁了，是个地仙级的人物。那怎么能让皇帝得到长生不死之药呢？柳泌说："天台山神仙所聚，多灵草，臣虽知之，力不能致，诚得为彼长吏，庶几可求。"张口就要做官。不过李纯却很高兴，他授柳泌为台州刺史，叫他去天台山找药。谏官上奏说，这个柳泌只是一个方士，怎么能做刺史呢？

> 唐宪宗在史书上很有名，号称唐朝的"中兴之主"。不过，这个政治上颇有作为的皇帝，在思想上也像李世民那么糊涂。

李纯很不高兴，说："烦一州之力而能为人主致长生，臣子亦何爱焉！"大意是说：天下是我的，我都不在乎，你们又啰唆什么？于是大臣不敢再谏。

柳泌到了台州，驱使当地百姓到深山采药，可是折腾了一年多，一无所获。他害怕了，举家逃往深山，后来被官府抓住，解往京师。但是李纯不但没治柳泌的罪，反而封他为翰林院待诏，让他炼制长生药。柳泌捣鼓了一段时间，声称药已炼成。李纯大喜，立即服用，但不久便感到烦躁口渴，身体异常。起居舍人裴潾实在看不下去了，就上疏劝谏。他说，这些方士都是为利而来的，他们炼制的丹药治病或许可以，但是求长生恐怕不行。还说，这些丹药对身体是有害无益的，您不妨让方士自己先吃一年，就可以辨别真伪了。应当说，裴潾的这番话完全是为宪宗着想的，可是李纯实在是太想长生不老了，他听不进去，居然贬裴潾为江陵令。

吃了长生药的李纯，性情变得非常暴躁，常常滥杀宦官，弄得他们人人自危。元和十五年（820年）正月，一个胆大包天的宦官与人合谋，把李纯给勒死了。宪宗死时，年仅四十三岁。

宪宗死后，第三子李恒即位，这就是穆宗。李恒是一个碌碌无为的皇帝，但他也想服丹药求长生。处士张皋上疏规劝他："先帝信方士妄言，饵药致疾，此陛下所详知也，岂得复循其覆辙乎！"用李纯的事情来教育当今皇帝。李恒嘴上称赞张皋说得好，转过头来仍照服不误，使得身体非常虚弱。长庆二年（822年）十一月，李恒和宦官打马球。身边的一个宦官从马上摔下来，居然把李恒吓了一跳，从此卧床不起。李恒把丹药当作救命稻草，大吃特吃，结果勉强支撑了一年多，就因丹药中毒而丧命。穆宗死时，年仅三十岁。

穆宗的儿子李炎，史称武宗。李炎笃信道教，经常和道士们

第八讲　银钗验毒

> 他说，这些方士都是为利而来的，他们炼制的丹药治病或许可以，但是求长生恐怕不行。还说，这些丹药对身体是有害无益的，您不妨让方士自己先吃一年，就可以辨别真伪了。

宋慈洗冤

在一起，大臣的劝谏他也不听。他服食了道士的长生药之后，竟和爷爷李纯一样，变得性情暴躁，喜怒无常。不过还好，他没有像爷爷那样命丧宦官之手。后来李炎因为中毒太深，以致面容枯槁，口不能言。他死时，年仅三十三岁。

武宗死后，即位的是宣宗李忱。李忱是宪宗的第十三子，穆宗的弟弟，武宗的叔叔。他和自己的父亲、哥哥和侄子一样中了邪，也要服丹药以求长生，结果是背生毒疮。大中十三年（859年）八月，李忱因背上的毒疮恶化而死，死时年仅五十岁。

由于唐帝国数代皇帝的身体力行，竭力倡导，服食丹药成为当时的一种社会风尚。从宫廷到民间，无论是文臣武将、商贾匠作，还是文人士子、平民百姓，服食丹药者不计其数，中毒而死者也是不知凡几。

韩愈就曾经做过一例水银中毒的死亡报告：

> 太学博士李干，遇信安人方士柳贲，能烧水银为不死药。以铅满一鼎，按中为空，实以水银，盖封四际，烧为丹砂，服之下血。比四年，病益急，乃死。

这段文字被宋代的寇宗奭摘引到著名的《本草衍义》中，成为关于水银药理反应的一条重要记录。韩愈还列举了数位大臣服食水银而死的情况，描述了这些人中毒后所受的苦痛，并感叹他们至死不悟的可悲。他说：我不知道世人是从什么时候开始服食丹药的，这种做法已经"杀人不可计"，可是人们还是疯狂效仿，真是不可思议呀！

然而具有讽刺意味的是，正是这样一位深明丹药之害的人，却恰恰死于丹药之毒。

北宋有个人叫陶穀，他写了一本《清异录》，里面记载了这样一件事。韩愈晚年的时候，养了一群公鸡，他每天让人喂公鸡硫黄。这样过了三年，这群公鸡都大了，成为"火灵库"，韩愈就每天吃一只。

韩愈干嘛做这事呢？原来，晚年的韩愈有些好色，家中多妾。但是他年纪大了，有点力不从心，于是就养了这群硫黄鸡用来壮阳。这个方子也不知道韩愈是从哪儿弄来的。在中医看来，硫黄确实有壮阳的作用，所以喂了硫黄的鸡也就成了所谓的"火灵库"，吃了可以补命门真火（壮阳），但是吃多了也就会和那些服食丹药的人一样中了毒。开始的时候，这些硫黄鸡还真有些效果，不久以后，韩愈就深受其害。一代文豪、唐宋八大家之首，就这样给"补"死了。韩愈死时，年仅五十六岁。

服食外丹的严重后果逐渐被人们所认识，所以在唐代以后，盛极一时的炼丹术逐渐式微。不过，宋代依旧有人服食丹药，而且官府也经常会碰到一些因"金石药毒"而死的案例，因此，宋慈在写《洗冤集录》的时候，就把中"金石药毒"而死的状况写了进去，作为判别死亡原因的依据。

我们前面提到的这些"死状"，都是人去世后不久的体表特征。在实际的法医检验中，有的尸体的体表特征不是很明显，有的尸体则是过了很长时间才被发现，怎么判断他们是否是被毒死的呢？

古人为什么会用银钗验毒？

我们来看看宋慈的办法。

宋慈在《洗冤集录》里，介绍了一种被当时的最高法院大理寺所肯定的方法。这种方法分五步：

宋慈洗冤

第一步，把尸体清理干净。

第二步，准备新棉絮三五条，浓醋三五升。用猛火把醋煮开，然后把棉絮放进去煮半个时辰。与此同时进行第三步。

第三步，先蒸熟三升大米或黏米，然后把一升糯米用布包好，放进熟米里面再蒸，直到糯米也被蒸熟。然后把布团取出，打开后倒进蛋清，把蛋清和糯米饭拌匀。

第四步，把制作好的糯米饭捏成一个鸭蛋大小的饭团，迅速扳开尸体的嘴巴，将饭团顶在口齿的外沿，然后用小纸片封住尸体的各窍（口、耳、鼻、肛门、阴门等）。

第五步，把经过醋煮的棉絮盖在尸体上。

据说如果是中毒死亡，尸体经这样处理后就会肿胀，而且嘴里会有"黑臭恶汁"喷在棉絮上。拿开棉絮，取下糯米饭团，此时的糯米饭团也是又黑又臭。

只是这种方法实在是太烦琐了，在实际的法医检验中，最常使用的，还是"银钗验毒"。什么叫银钗验毒呢？《洗冤集录》是这么写的：

> 若验服毒，用银钗，皂角水洗过，探入死人喉内，以纸密封，良久取出，作青黑色，再用皂角水揩洗，其色不去。如无，其色鲜白。

具体方法是这样：把一支银钗，用皂角水清洗后，探进死者的喉咙里，然后用纸密封住死者的嘴部。过一段时间，取出银钗，如果上面呈现青黑色，而且用皂角水也清洗不掉，就是中毒身亡的证据。否则取出的银钗清洗过后，应该是"其色鲜白"，也就是和原来一样的。

> 只是这种方法实在是太烦琐了，在实际的法医检验中，最常使用的，还是"银钗验毒"。

第八讲 银钗验毒

为什么银钗可以"验毒"呢？

银器碰上某些东西马上变黑，其真正原因是硫化物的作用，并不是毒素使得银器变黑，因此，银钗验毒是利用了银与硫化物发生化学反应并且变色的原理。在古代，由于生产技术比较落后，许多毒药（特别是砒霜）含有少量的硫和硫化物，硫与银接触，就可能发生化学反应，产生黑色的硫化银，所以，用银钗来鉴定是否中毒，这个方法本身是有科学道理的。

但是，凡是腐败的物质，无论是腐败的尸体还是粪便，它们都含有腐败过程中的分解产物——硫化氢，硫化氢也可以与银化合成硫化银，使得银钗变色。如果用银钗来检测腐败的尸体，或者将银钗置于粪便中，都会出现"中毒反应"，所以，用银钗验毒也是有一定条件限制的。

不过，用一根银钗就可以验毒，这实在是太简单了，而且银钗是古代妇女常用的一种饰物，取用也非常方便，所以这种方法在古代社会广为流传，甚至传到了宫廷。就连皇帝用膳，也会来个"银钗验毒"。

我们以宋慈生活的南宋为例。到了皇帝要进膳的时辰，在殿中省和皇帝用餐的嘉明殿之间，就会禁卫森严，不许闲人来往。这个殿中省，是管理皇帝生活起居的部门。只听殿中省有人高喊："拨食！"然后就会出现十多位身穿紫衣的"院子家"，右手托着用黄色的绣龙布罩着的食盒，左手拿一条红罗绣的手巾。他们鱼贯而行，来到嘉明殿，将食盒里的菜摆放在膳桌上。菜品摆好后，先要用银制品插进饭菜，再取出来看看是否有毒，然后还有专人"尝膳"，确定没有问题后，皇帝才开始吃。所以在古代，要想给皇帝下毒可不容易。不过，这一番程序下来，饭菜也就凉了，皇帝也只好吃冷饭冷菜了。仔细想想，身为九五之尊，连一口热菜

> 不过，用一根银钗就可以验毒，这实在是太简单了，而且银钗是古代妇女常用的一种饰物，取用也非常方便，所以这种方法在古代社会广为流传，甚至传到了宫廷。就连皇帝用膳，也会来个"银钗验毒"。

热饭都吃不上，实在很可怜。

这一讲，我们说的是古代的"毒药文化"和宋慈记载下来的一种验毒方法：银钗验毒。这种方法并非宋慈独创，而是他对当时官府所用法医技术的一个总结。不过，《洗冤集录》中还记载了宋慈自己的一次破案经过，他用的方法开创了法医学的一个重要分支，这是怎么回事呢？

请看下一讲《动物探案》。

第九讲 动物探案

苍蝇为什么会聚集在镰刀上?
什么是蛊?什么是蛊毒?
哪些动物可以致人死命?
后人对《洗冤集录》有哪些发展?

上一讲，我们说的是《洗冤集录》中记载的一种法医检验方法：银钗验毒。应当说，在我国古代，施毒与验毒已经衍化为一种文化现象了。

有趣的是，宋慈还记录了一些动物致人受伤、死亡的情况，开辟了法医学的分支学科。这是一个怎样的学科呢？

我们从一个案子说起。

苍蝇为什么会聚集在镰刀上？

宋慈在《洗冤集录》里，记载了一个案子。这个案子，很有可能是宋慈自己在案件复查过程中侦破的。这就是他所说的"洗冤"了。案情是这样的：

一次，一个人被杀死在路边。尸检以后，县令认为是死者遭遇抢劫，然后被杀，抢劫犯也不知去向。然后，他把验尸报告和判案材料等具呈上报。

宋慈在复审的时候，发现了两个疑点：其一，材料中说被杀者"沿身衣物俱在",也就是财物、衣物无损的意思。既然是抢劫,罪犯一定会拿走财物,也会在被害人身上翻检,他的财物、衣物怎么会"无损"呢?其二,验尸报告中说被杀者"遍身镰刀斫伤十余处",也就是他被砍了十多刀。抢劫犯只是为了抢夺财物,如果被抢者反抗,他只要把人杀死即可,有必要砍那么多刀吗?所以这个案子判得一定有问题!

那么,这是一件什么性质的案件呢?宋慈说:"今物在伤多,非冤仇而何?"也就是说,罪犯没有抢夺财物,而是砍了死者很多刀,这是为了泄愤,因此一定是仇杀。死者和谁有仇呢?宋慈就找来死者的妻子,问她:"你丈夫平日里与什么人结下过冤仇吗?"

妇人回答说:"我丈夫平素为人很好,并没有和什么人结怨。"

"你再想想。"

那妇人说:"我想起来了。前几天,某甲来借钱,但是这个人信誉不好,所以我丈夫没有借给他。那个人很生气,说过几天一定要借给他,否则会怎样怎样。这只是吵吵架而已,应该不算结怨吧。"

宋慈心里有数了,他叫人暗地里对某甲进行了调查。然后,又派出众差役,四下里分头贴出告示:"死者系镰刀所杀。凡属附近居民,一律要将家中所有镰刀送交官府检验。如有隐匿者,必是杀人贼。"

不久,居民们的镰刀送缴上来,有七八十把。宋慈叫人在镰刀上做了记号,然后排摆开来,放在官府门前的空场上。

这时,正值盛夏,烈日当空,酷热难熬。听说官府在判案子,检验镰刀,人们纷纷前来,都要看看这位提刑官到底是怎样破案的。连苍蝇也嗡嗡地来凑热闹,不过很奇怪,这些苍蝇并没有到处乱飞,而是齐齐地聚到空场上的一把镰刀上。

第九讲 动物探案

> 连苍蝇也嗡嗡地来凑热闹,不过很奇怪,这些苍蝇并没有到处乱飞,而是齐齐地聚到空场上的一把镰刀上。

宋慈洗冤

宋慈就问这把镰刀是谁的。从人群中挤出一人，正是某甲，他应声说："是小民的。"宋慈喝令左右把他拿下。某甲高呼冤枉："清平世界，朗朗乾坤，大人您凭什么要滥抓无辜？"

宋慈指着那把镰刀，对某甲说："杀人者正是你这刁民。别人的镰刀上都没有苍蝇，只有你的镰刀上有。这是因为你杀人之后，虽然把刀上的血迹洗去，但是刀上的血腥气还在，所以才会招来很多苍蝇。至于杀人动机吗，是你借钱不得，心存怨恨。如今铁证如山，你还有什么可抵赖的？"

某甲无言以对，只有叩首服罪。

这个案子宋慈破得很漂亮，"左右环视者失声叹服"，他自己也很得意，所以就写进《洗冤集录》里了。不过，宋慈并不是第一个用苍蝇破案的人，在他之前，也有人用过这个方法。

有一个叫严遵的扬州刺史，一次，他出外巡行。走在途中，路边正有一个妇人在哭丧。严遵听到哭声，觉得有些奇怪，因为那妇人的哭声虽响却不悲哀。他觉得有些蹊跷，就停步问话。那个妇人说，死者是自己的丈夫，不幸被火烧死了，正在发丧。严遵仔细观察那妇人言行举止，心里有了计较。于是他下令，将死者的尸体运到府衙，命衙役严密看守，并且说："好好注意，这尸首应当会有一些不寻常的事情发生。"

第二天，衙役前来报告："死者的尸体倒没有什么异象，只是招来一大群苍蝇飞来飞去，但是很奇怪，它们都聚拢在死者的头部。"严遵命人详细勘验，赫然发现死者的头部被人用铁锥打了一个洞。再拷问妇人，果然是一起谋杀案。

严遵是从妇人的哭声中听出了异常，但是他把尸体运回刺史府的时候，可能也没有想到苍蝇会帮他破了这个案子。

这个案例很有名，后来被收到唐人汇编的《艺文类聚》中，

> 这个案子宋慈破得很漂亮，"左右环视者失声叹服"，他自己也很得意，所以就写进《洗冤集录》里了。

广为流传。宋慈可能也是从中受到启发，借助苍蝇破了奇案。

苍蝇的嗅觉非常灵敏。因为在它的触角上分布着嗅觉感受器，每个感受器都是一个小空腔，与外界相通，含有感觉神经元树突的嗅觉杆突入腔中，每个小腔含有上百个神经细胞。这样，即便是极其微小的气味分子，苍蝇都能"闻到"，尤其是腥臭味，据说它在动物死亡十分钟内就会赶到现场。当一只苍蝇吸吮腥味后，就会放出一种招引同类的特殊气味，别的苍蝇就会群集而至，越聚越多，这就是俗语"苍蝇见血"一词的由来。因此，苍蝇被誉为"死亡现场第一见证人"和"刑事警察的探案向导"。我国古代官吏凭借经验，了解了苍蝇嗜血逐臭的特点，从而利用苍蝇巧破奇案。

> 我国古代官吏凭借经验，了解了苍蝇嗜血逐臭的特点，从而利用苍蝇巧破奇案。

值得注意的是，《洗冤集录》还记载了这样几条重要的资料：

（夏三月，尸）经三日，口、鼻内汁流蛆出，遍身胖胀，口唇翻，皮肤脱烂，疱疹起。

更有暑月，九窍内未有蛆虫，却于太阳穴、发际内、两胁、腹内先有蛆出，必此处有损。

（秋三月，尸）经四五日，口、鼻内汁流蛆出，遍身胖胀，口唇翻，疱疹起。

（盛夏，尸首）经三四日，皮肉渐坏，尸胀，蛆出，口、鼻流汁，头发渐落。

这几条资料里反复提到"蛆虫"，说明了什么呢？

宋慈所说的"蛆虫"，是一种叫丽蝇的苍蝇所产的卵，然后在腐尸上孵化成蛆。如果有人受伤而死，例如伤在头部、胸腹部，这些地方就会大量出血，吸引苍蝇产卵；如果不是受伤而死，苍

宋慈洗冤

> 宋慈也许还没有意识到，他的法医工作，已经开启了一门新的分支学科——法医昆虫学。

蝇就会在死者的眼睛、鼻子、嘴巴和耳朵，再就是肛门和生殖器等处产卵。通过苍蝇在死尸上产卵的地点和蛆虫活动的规律，就可以推断死者的伤处和死亡时间，为侦破案件提供线索和方向。宋慈的这个认识在当时是处于世界领先水平的。在西方，人们一直以为蛆是腐肉滋生出来的，直到1668年，才由意大利生物学家、医生雷迪通过实验的方式，揭示了蝇卵和蛆虫之间的关系。至于用昆虫来破案，则是二十世纪三十年代的事了。宋慈也许还没有意识到，他的法医工作，已经开启了一门新的分支学科——法医昆虫学。

《洗冤集录》的记载，给人们提供了一条崭新的思路，后世的一些案件就是借助苍蝇来侦破的。清人胡文炳所作的《折狱龟鉴补》中，记载了这样一个案例。

有一次，一个商人在自己家的床上被杀。现场鲜血四溅，一片狼藉，令人毛骨悚然。杀人是大案，县令严令捕快缉拿凶手，但是凶手始终没有找着。县令生气了，后果很严重。他把捕快们打了板子，限期破案。捕快无奈，只好像没头苍蝇一样四处找寻；因为人手不够，还返聘了一位已经退休的捕快来帮忙。

一天，大家忙累了，坐在河边的茶馆喝茶。这时，一只小船划了过来，船上晒了一床被子，被子是绸缎面的，一大群苍蝇围着被子乱飞。老捕快马上放下茶碗，对大家说："罪犯就在船上，赶快去抓！"众捕快都有点莫名其妙，但是县令的板子厉害，既然能抓一个来应付差事，何乐而不为？于是一拥而上，把船夫逮住，送到府衙。谁知这船夫到了大堂，不待动刑，立马认罪，承认是自己杀了人。

案件成功告破，有人就问老捕快："您怎么知道这个船夫就是罪犯呢？"

老捕快说："我也不能肯定。"

"那您为什么让大家伙儿去抓他呢？"

"是这样的，"老捕快解释说，"我勘验过现场，发现死者是在睡觉的时候被杀的。但是现场没有被子，这让我很奇怪，哪有睡觉不盖被子的？那个船夫晒的被子是绸缎面的，一个贫穷的船夫，怎么用得起绸缎呢？这是第一个疑点。我又看见一群苍蝇围着被子飞，一定是被子有血腥气，虽然被子上的血被洗干净了，但是苍蝇还是能闻到，这是第二个疑点。有了这两个疑点，加上现场勘验的情况，我初步断定：这人一定和凶杀案有关系。"

由此可以看出，在宋慈以后，人们已经很明确地把苍蝇作为刑侦助手了。

那么，在《洗冤集录》里面，还有没有记载其他的虫豸呢？

什么是蛊？什么是蛊毒？

有一种小虫，叫"金蚕"，它是极厉害的毒物。

金蚕是一种蛊。蛊是什么玩意呢？蛊是一类小动物。这是什么意思呢？我们先从蛊的来历说起。

蛊是先民捣鼓出来的。那时候，人们信奉巫术。在巫术中，有治病救人的巫术，我们称之为白巫术；当然也有《哈利·波特》系列小说里面提到的，专门整人害人的黑巫术。蛊就是一种黑巫术。

蛊是怎么得到的呢？

历代史志、文人笔记、医学典籍都有对蛊的记述，各地民间亦有传说，其中最早的大概是《隋书·地理志》的记载。从这些资料中，我们大致可以复原制蛊的过程。金庸先生在小说《碧血剑》中，给我们进行了有趣的描述。

> 在巫术中，有治病救人的巫术，我们称之为白巫术；当然也有《哈利·波特》系列小说里面提到的，专门整人害人的黑巫术。蛊就是一种黑巫术。

第九讲 动物探案

宋慈洗冤

> 少年侠士袁承志到了五毒教，教主何铁手向他展示了一场动物搏杀大赛。

少年侠士袁承志到了五毒教，教主何铁手向他展示了一场动物搏杀大赛。

这场大赛是在一只圆桌面大小的沙盘上进行的。五名童子各捧着一只铁盒，站到沙盘边上，然后打开铁盒。这时从每只盒中，各跳出一样毒物，跑进沙盘。哪些毒物呢？它们分别是青蛇、蜈蚣、蝎子、蜘蛛和蟾蜍。青蛇长尺许，未见有何特异；而其余四种毒物，却均比平常所见的要长大得多。五种毒物在盘中游走一阵之后，各自屈身蓄势，张牙舞爪，便欲互斗。首先开打的是蜘蛛和蝎子，结果蝎子陷入蛛网，渐渐无力挣扎。蜘蛛正要享受美味，突然一阵蟾沙喷到，蟾蜍破网直入，长舌一翻，把蝎子一口吞入了肚里。蜘蛛大怒，便向蟾蜍冲去，它借助蛛丝，从空中掠过蟾蜍，在蟾蜍背上狠狠咬了一口。片刻之间，蟾蜍身上蛛毒发作，仰面朝天，露出了一个大白肚子，死在盘中。蜘蛛扑上身去，张口咬嚼。这边青蛇游过，忽地昂首，张口把蜘蛛吞入肚内，跟着咬住了蟾蜍。蜈蚣从侧面抢上，口中一对毒钳牢牢钳住蟾蜍，双方用力拉扯。拉了一阵，青蛇力渐不敌，被蜈蚣一路扯了过去。不一刻，蜈蚣将青蛇咬死，在青蛇和蟾蜍身上吸毒，然后游行一周，昂然自得。

何铁手做了总结，她说："这蜈蚣吸了四毒的毒质，已成大圣，寻常毒物再多，也不是它敌手了。"

何铁手说的"大圣"，就是蛊。这场大赛是蜈蚣最终获胜，所以它叫"蜈蚣蛊"；如果是别的毒物获胜，那就分别叫青蛇蛊、蝎子蛊、蜘蛛蛊、蟾蜍蛊等。如果参与搏杀的毒物非常多，数量近百，那最后剩下的"大圣"就更加厉害，而且它还会慢慢蜕变，形状变得像蚕，外壳金黄。人们依它的外观形态取名，叫作"金蚕蛊"。据说这种金蚕蛊不惧水火兵刃，最难除灭，也最狠毒。据史料记载，至少在宋元时期，就有人蓄养金蚕蛊。

第九讲　动物探案

按照民间习俗，制蛊多在端午节前后。此时正值盛夏，太阳辐射强，日照时间长，降水丰富，虫蛇之类的毒物迅速繁殖长大，其含有的毒素也最多最盛。把它们捉来，令其自相残食，免疫力强的毒物吸收了别的毒物的毒素，战胜其他毒物活下来，成为蛊。这时候，它身上含有了所有死去毒物的毒素，毒性最大，其原理和分离出能抗结核菌的土壤细菌菌株相类似。制蛊，或许可以说就是毒剂的自然加工提炼过程；蛊，就是活体的高纯度毒药。

制蛊者是要用蛊来害人的，根据资料记载，他们施蛊的方法也是多种多样。制蛊者可以念动咒语，驱使蛊飞出去作祟害人。被害人死后，制蛊者就占有他们的财产。有的制蛊者还把蛊弄死，制成蛊毒，施用的方法就更多了。例如，可以将蛊毒置于饮食之中，使人食后中毒生病，甚至死亡；或者把蛊毒涂抹在自己手上，然后去抚摸人身，便能将蛊传给别人；或者用掺进蛊粉的墨画符，墨迹干后，若有人触动了神符，蛊药粉就会飞扬起来，被那人吸入口中，使其中毒；或者将蛊毒藏于指甲中，手指一弹便可害人；有的制蛊者甚至可以用眼睛传毒作祟，诸如此类，让人防不胜防。当然，在施蛊的时候，制蛊者配有解毒药，他自己是不会中蛊毒的。

那么，中蛊的人会是什么样呢？我们来看看金庸先生在《倚天屠龙记》中描写的，中了"金蚕蛊毒"后的惨状。

华山派掌门人鲜于通当年在一苗家女子那儿，偷得两对金蚕。此后他依法饲养，制成毒粉，藏在自己折扇的扇柄之中。扇柄上装有机括，一加揿按，再以内力逼出，便能伤人于无形。在与张无忌比拼之下，鲜于通启动机括，想暗算对手。不想，张无忌内力深厚，反将蛊毒逼了回来，鲜于通登时自食其果。原来这金蚕蛊毒乃天下毒物之最，无形无色，中毒者有如千万条蚕虫同时在周身咬啮，痛楚难当，无可形容。鲜于通伸出双手扼在自己咽喉

> 制蛊者是要用蛊来害人的，根据资料记载，他们施蛊的方法也是多种多样。

宋慈洗冤

之处，想要自尽。但中了这金蚕蛊毒之后，全身已无半点力气，就是拼命将额头在地下碰撞，竟连面皮也撞不破半点。这毒物令中毒者求生不能，求死不得，偏偏又神智清楚，身上每一处的痛楚都加倍清楚地感受到，比之中者立毙的毒药，其可畏可怖，不可同日而语。直到折磨七日七夜之后，中毒者才肉腐见骨而死。

这段描述可真是"可畏可怖"，不过不是很准确，大概金庸先生并没有看过《洗冤集录》。在书里，宋慈是这么写的：

> 这段描述可真是"可畏可怖"，不过不是很准确，大概金庸先生并没有看过《洗冤集录》。

金蚕蛊毒，尸身瘦岁，遍身黄白色，眼睛塌，口齿露出，上下唇缩，腹独塌。将银钗验，作黄浪色，用皂角水洗不去。一云如是：只身体胀，皮肉似汤火疱起，渐次为脓，舌头、唇、鼻皆破裂，乃中金蚕蛊毒之状。

宋慈说，中金蚕蛊毒死的，死尸瘦弱，浑身呈黄白色，眼睛凹陷，嘴张齿露，上下嘴唇卷缩，肚皮塌陷。还有一种说法，死者只是身体肿胀，皮肤好像被热水或火烫伤一样，发出许多小水泡，慢慢地变成脓疱，死者的舌头、嘴唇、鼻子都是破裂的。尸体"遍身黄白色"，是否因为金蚕蛊是黄白色的缘故呢？我们就不得而知了。但是从宋慈的记载来看，死者面目狰狞，非常"难看"。这种情况下，如果用银钗来检验，银钗呈黄浪色，用皂角水也洗不掉。

不过，蛊也是可以防范的。例如吃饭之前，将碗敲几下并问主人"此中有蛊毒没有"，其法自破。在外吃饭时，要先吃蒜，或者使用象牙筷、银筷，象牙筷遇毒即裂，银筷遇毒即黑。还有一种以毒攻毒的法子，据《南村辍耕录》记载："骨咄犀，蛇角也。其性至毒，而能解毒，盖以毒攻毒也，故曰蛊毒犀。"带了这种蛊毒犀，就不怕蛊毒了。

那么，怎么验证是中蛊了呢？民间的一般做法是让人嚼生黄豆，如果他感觉口中没有豆腥味，就说明中了蛊；或者让他含上一块煮熟的鸭蛋白，然后吐出蛋白插上一枚银针，如果蛋白和银针都变黑，表明已中蛊毒。

中了蛊，怎么治疗呢？金庸先生在《倚天屠龙记》里说，在腰眼上开孔，倾入药物后缝好，便能驱走蛊毒，这当然是一句玩笑。有一种草药叫作吉财，据说可以解蛊，而且"神用无比"。为什么叫"吉财"这个怪怪的名字呢？传说曾经有一个人中了蛊，他的家奴弄到这种药帮他解了毒，家奴名叫吉财，因此就用家奴名做了药名。在晚上摘下二三寸吉财，搓磨弄碎，稍微加一点甘草在里面，次日早晨煎服。中毒之人服下药后会呕吐，吐出胃里的东西，蛊毒就消除了。不过，这也只是一种传说。1973年，在长沙马王堆汉墓出土了一部《五十二病方》。这是我国现存最古老的医学方书。这本书上说，把女人的衣服烧成灰，调水服下就可以治疗蛊毒，或者用符水对付蛊毒。可见中医很早就开始探索如何治疗蛊毒，虽然当时的方法还显得有些幼稚可笑。后来历代的医书，也有很多关于治蛊方法的记载。

应当说，蛊在古代中国一直带有神秘的色彩，因为它总是和下毒、谋杀或阴谋等联系在一起，每每使人谈蛊色变。这就造成了人心的恐慌，也造成了社会的动荡，所以历代官府对制蛊、用蛊都加以严厉打击。

上古文献对巫蛊犯罪并无多少记载，但可以肯定的是，从商朝起在法律上即已正式确立了"巫风"的罪名。犯者处以墨刑，也就是在脸上刺字，既给犯罪者造成精神的压力，也对他人起着警戒和震慑的作用。后来，官府的态度更加严厉。在宋慈所处的宋代，将用蛊犯罪列为"十恶"中的"不道"之罪，并规定：制

第九讲　动物探案

> 应当说，蛊在古代中国一直带有神秘的色彩，因为它总是和下毒、谋杀或阴谋等联系在一起，每每使人谈蛊色变。这就造成了人心的恐慌，也造成了社会的动荡，所以历代官府对制蛊、用蛊都加以严厉打击。

宋慈洗冤

蛊者及教人制蛊者皆处死刑，为绞罪；制蛊者妻子及同居家口不论知情与否，都处流刑，流三千里。"十恶"属于"常赦所不原"的犯罪，其他罪都是可以赦免的，但是"十恶"罪却不能够赦免，这就是通常所说的"十恶不赦"。由此可见官府的打击力度。

由于严厉的打击，使用蛊犯罪受到了很大的限制。西汉时期，巫蛊犯罪发生在王朝的首都，到隋唐以后，逐步转移到南方。南宋之后，江南一带得到开发，养蛊蓄蛊之地转移至两广、福建及西南一带。宋慈本身是福建人，又在广东、江西一带做官，很可能见过用蛊犯罪，所以他把中蛊死亡的现象写进了《洗冤集录》。

有意思的是，在传统文化里，对蛊还有另外一种看法。《易经》中有一卦叫作"蛊"，蛊卦"利涉大川"，又说"天下治也"。什么意思呢？蛊是百虫互相残杀后的最强者，只有通过残酷的竞争，优胜者才能脱颖而出，所以这个卦也可表示，通过竞争，可以做好大事情（利涉大川），救弊治乱，拨乱反正，治理好国家（天下治也）。这样说来，古人还是蛮欣赏蛊的。

哪些动物可以致人死命？

还有哪些动物可以致人死命呢？

我们从一场有趣的文字游戏说起。

《唐宋八家丛话》里记载了这样一个故事。欧阳修在翰林院的时候，有一次和大家一起出游。走在路上，他们看到一匹马受惊了，狂奔而至，大道上正好卧着一条狗，它来不及躲开，被马踩踏死了。欧阳修就对大家说："我们来描述一下这件事，好吗？"有一位同僚就说："这简单呀，可以这么说：有犬卧通衢，逸马蹄而死之。"欧阳修笑了："要是让你来修史，一万卷都修不完。"那位同

> 蛊是百虫互相残杀后的最强者，只有通过残酷的竞争，优胜者才能脱颖而出，所以这个卦也可表示，通过竞争，可以做好大事情（利涉大川），救弊治乱，拨乱反正，治理好国家（天下治也）。

僚很不服气，问他："那您会怎么说呢？"欧阳修说："如果让我来描述，我会说：逸马杀犬于道。只用六个字。"这位当时的文坛领袖，编写《新唐书》，三百年的历史，用了二百五十卷；编写《新五代史》，五十多年的历史，用了七十四卷，果然"简省"。

类似的故事，沈括在《梦溪笔谈》里也写了一个。穆修和张景在讨论文章，"适见有奔马践死一犬"，两人于是就讨论该怎么写这个事。穆修说："我这么写：马逸，有黄犬遇蹄而毙。"张景说："不如这么写：有犬死奔马之下。"那么，穆张二人谁描写得准确而简练呢？后代的人你说你的，我说我的，争议不断。鲁迅做了总结，他说，两人的大作，不但拙涩，主旨先就不一，穆修说的是马踏死了犬，张景说的是犬给马踏死了，究竟是着重在马，还是在犬呢？较明白稳当的还是沈括那句毫不经意的话："有奔马践死一犬。"

这些锤炼文字的游戏虽然很有意思，但是不是我们关注的重点。我们关注的是，如果马踩踏的不是狗，而是人，那死者会是怎么样呢？

《洗冤集录》是这样写的：

> 凡被马踏死者，尸色微黄，两手散，头发不乱，口、鼻中多有血出，痕黑色。被踏要害处便死，骨折、肠脏出。若只筑倒或踏不着要害处，即有皮破瘾赤黑痕，不致死。

宋慈说，被马踏死的，尸体呈淡黄色，两手舒开，头发不散乱，嘴巴和鼻子里一般都有血流出，被踩的地方皮下出血呈黑色。人如果被踏在要害的地方就会致命，甚至骨折或者肠子流出体外；而如果只是被马撞倒，或者没有踏到要害处，则可能深部肌肉有血肿，但不至于死亡。宋慈详细描写了被马踩踏致伤、致死的情况。

第九讲　动物探案

133

宋慈洗冤

不仅是马,其实生活中的驴、牛,都可能致人伤害,这也是宋慈所关注的。他把这些都记载了下来,为后世断案提供了依据。

我们再举一个例子:老虎。

在古代,虎的生存状态还比较好,数量也比较多,分布也比较广,在人虎杂居的地区,虎伤人、吃人的事情就经常发生。《水浒传》里就有这样的例子。

李逵从水泊梁山回家去接母亲,不想消息泄露,官府来人抓他,他只得连夜提了朴刀,背着老娘望乱山深处僻静小路而走,来到了沂岭之上。

母亲口渴了,要喝水。李逵就在松树边一块大青石上,把母亲放下,插了朴刀在侧边,跟她道:"耐心坐一坐,我去寻水来你吃。"他从山岭往下,转过了两三处山脚,才找到水源。又到附近庵堂里,搬来一个大香炉,舀了半香炉水,这才夹七夹八走上岭去。这一番找水,费了不少时间。等回到岭上,石头上不见了母亲,只见朴刀插在那里。李逵叫娘吃水,杳无踪迹。叫了几声不应,李逵心慌,丢了香炉,定住眼四下里看时,并不见娘。四处找寻,走不到三十余步,只见草地上一团血迹。李逵见了,心里越加疑惑,顺着血迹寻过去,来到一处大洞口,只见两只小虎正在那里舐一条人腿。

李逵心里忖道:"我从梁山泊归来,特为老娘来取他,千辛万苦,背到这里,却把来与你吃了。那鸟大虫拖着这条人腿,不是我娘的是谁的?"心头火起,把一窝大小四只老虎全给杀了。

次日早晨,李逵收拾母亲的残体,用布衫包裹了,掘土坑葬,然后大哭了一场,挥泪而去。

这是李逵母亲的悲惨遭遇。

李逵认识母亲的衣服,看到小老虎在舐食遗骸,因此断定母

> 在古代,虎的生存状态还比较好,数量也比较多,分布也比较广,在人虎杂居的地区,虎伤人、吃人的事情就经常发生。

亲为虎所食。如果是旷野中的一具尸体，怎么能判定他是老虎咬死的呢？宋慈有办法，《洗冤集录》是这么说的：

> 凡被虎咬死者，尸肉色黄，口、眼多开，发鬘散乱，粪出，伤处多不齐整，有舌舔齿咬痕迹。
>
> 虎咬人多咬头项上，身上有爪痕，伤处成窟或见骨，心头、胸前、臂、腿上有伤处，地上有虎迹。

尸体有了以上的特征，特别是在尸身周围发现"虎迹"，也就是虎的脚印、咬痕、毛发等物，就可以判断死因了。

《洗冤集录》还记载了一个很奇怪的现象：

> 虎咬人月初咬头顶，月中咬腹背，月尽咬两脚。

这是怎么回事呢？其实很简单。老虎是悄悄接近猎物，然后突然发起进攻的。人看到老虎来了，自然也要逃命。月中的时候是满月，月光强，人发现老虎早一点，反应就快一点；月初、月末的时候，月光弱，人发现老虎就晚一点，反应也慢一点。老虎一口咬来，因为人的反应不一，所以受伤部位也就有所不同。

除了老虎这种大型动物，细小的动物也能致人死命，例如蛇。

我们来说一则世界历史上很有名的传奇。

古埃及的最后一任法老，就是大名鼎鼎的埃及艳后克丽奥佩特拉七世。

克丽奥佩特拉的父亲死的时候，指定长子托勒密十三世和她共同执政，克丽奥佩特拉还按照当时的法律，嫁给了自己这位同父异母的兄弟。共同执政以后，两人争夺权力，克丽奥佩特拉不敌，

第九讲　动物探案

> 月中的时候是满月，月光强，人发现老虎早一点，反应就快一点；月初、月末的时候，月光弱，人发现老虎就晚一点，反应也慢一点。老虎一口咬来，因为人的反应不一，所以受伤部位也就有所不同。

宋慈洗冤

被逐出首都。就在这个时候，恺撒来到埃及。

克丽奥佩特拉得知消息，就用毛毯裹住自己，然后让人抬到恺撒房中，突然出现在恺撒面前。这个女人的勇气和美貌深深打动了恺撒。很快克丽奥佩特拉就成为他的情妇。在恺撒的支持下，克丽奥佩特拉击败自己的兄弟和丈夫托勒密十三世，成为埃及的实际统治者。

不久，恺撒遇刺身亡，罗马政局动荡。恺撒手下的大将安东尼和养子屋大维相继崛起，在平定内乱以后，两人也展开了权力之争。

安东尼的势力范围在东方，包括埃及在内。恺撒死后，克丽奥佩特拉失去了政治靠山，于是，她施展种种手段，拉拢安东尼，以图维护和发展埃及，加强和扩大自己的统治权力。为了达到这一目的，她甚至嫁给了安东尼。

但是，在安东尼和屋大维的斗争中，克丽奥佩特拉显然站错了队。不久，安东尼战败，伏剑自刎。屋大维来到了埃及，他要生擒克丽奥佩特拉，还要把她带回罗马去示众。

机关算尽的克丽奥佩特拉万念俱灰，忠诚的侍女把一条叫作"阿普斯"的毒蛇装在无花果的篮子里送到被关押的她面前，她抓起小蛇放到自己的乳房上。小蛇狠狠咬了克丽奥佩特拉一口，结束了她传奇的一生。

克丽奥佩特拉死后，长达三百年的托勒密王朝也告结束，埃及并入罗马。

这位传奇女王最终死于蛇吻。按照《洗冤集录》的记载，克丽奥佩特拉的死状可能是这样的：

> 其被伤处微有啮损黑痕，四畔青肿，有青黄水流，毒气灌注四肢，身体光肿、面黑。

> 机关算尽的克丽奥佩特拉万念俱灰，忠诚的侍女把一条叫作"阿普斯"的毒蛇装在无花果的篮子里送到被关押的她面前，她抓起小蛇放到自己的乳房上。小蛇狠狠咬了克丽奥佩特拉一口，结束了她传奇的一生。

这位埃及艳后的伤处，有不太明显的被咬过的痕迹，四周青肿，流青黄水，躯干和四肢肿胀、发亮，面部发黑。总之，她不再有往昔那颠倒众生的体态和容颜了。

不过，克丽奥佩特拉之死还有一点疑点。那就是，人被毒蛇咬过，不会立马丧命，而是会隔一段时间。那么，屋大维为什么不让人施救呢？从现代人的角度来看，这实在不是一件难事。不过，对于古人来说，可就不是那么回事了。就拿宋慈来说，他也没有写下急救的方法，可能他也不太清楚。由于不懂急救方法，所以屋大维也只有眼看着克丽奥佩特拉死去。直到清朝，人们在注释《洗冤集录》的时候，才补充了急救法：首先要用刀割去伤口旁的死肉，然后将伤口近心脏处用布条扎紧，不让毒气攻入心腹。还要让人口含米醋或烧酒吮吸伤处的毒血，一边吸一边吐，直到伤口处红肿消除；但是救治者千万不要将毒血吞进肚子，以免中毒。这种急救的方法，依然是我们现在常用的。

后人还对《洗冤集录》进行了哪些补充和发展呢？

后人对《洗冤集录》有哪些发展？

我们来举几个例子。

第一个例子是河豚。河豚是一种很有意思的鱼，它能够将大量的空气吸入极具弹性的胃中，使身体膨胀数倍，以吓阻天敌；不仅如此，它还能在体内蓄积毒素，以防御天敌。不过，这种有毒的鱼肉味却极其鲜美，被誉为"长江三鲜"（河豚、刀鱼、鲥鱼）之首。

苏轼就很喜欢吃河豚。有一次，他看到僧人惠崇画的一幅《春江晚景图》，上面有竹，有桃花，有鸭子，还有一些蒌蒿和芦芽，

第九讲 动物探案

> 由于不懂急救方法，所以屋大维也只有眼看着克丽奥佩特拉死去。

宋慈洗冤

不禁想：这画的是河豚上市的时候呀，河豚用蒌蒿和芦芽一炖，那滋味呀……垂涎欲滴的他于是题诗一首：

> 竹外桃花三两枝，
>
> 春江水暖鸭先知。
>
> 蒌蒿满地芦芽短，
>
> 正是河豚欲上时。

惠崇的《春江晚景图》没有流传下来，苏轼的诗倒是流传下来了，给我们留下了一个馋嘴大文豪的幽默形象。

河豚是有毒的，但是苏轼请的厨子想必很有本事，把河豚处理得很好，既让苏轼品尝了美味，也没有让这位大文豪因为口腹之欲而枉死。

河豚的毒藏在身体的什么部位呢？后人在注释《洗冤集录》时指出，河豚毒在肝、血、卵巢、眼等处，和现在的认识基本一致。只要把这些部位处理好了，河豚就可以烹饪成美味的佳肴。

那么，吃了有毒的河豚究竟会怎么样呢？有一个这样的案例。

有个人请朋友吃早饭，菜中有烧好的河豚。朋友因一些原因没有吃，这人就叫朋友打包带回家。朋友回到家，把鱼给了妻子。妻子天亮时刚服过药，这时正好腹中饥饿，也没有问明是什么鱼就吃了，还吃得津津有味，谁知吃完后立即口鼻流血而死。

县令审理此案时遇到了难题，因为这个妇人显然是中毒而死，但是她吃了两样东西，药和鱼，究竟是什么让她身死的呢？我们现在知道答案了，是河豚。河豚的毒叫河豚毒素，人们误食以后，毒性发作，胃会极度扩张，甚至造成小血管破裂，所以在呕吐时有血和黏液一起吐出，看上去像是"口鼻流血"。本案中的死者吃

> 河豚是有毒的，但是苏轼请的厨子想必很有本事，把河豚处理得很好，既让苏轼品尝了美味，也没有让这位大文豪因为口腹之欲而枉死。

过河豚，又"口鼻流血"，无疑是中河豚毒素而死的。

第二个例子是狂犬病。狂犬病是一种极厉害的传染病，一旦被传染，死亡率几乎100%，对人类的生命构成极大的威胁。不过，古代人还不能认识到这是狂犬病毒引起的，因为他们还没有病毒的概念。所以，人们在注释《洗冤集录》时说，人被狂犬咬后，毒气进入腹中，会在腹中聚集成形，变成一只小狗。当小狗幼小的时候，还能救治；一旦腹中的小狗长大，就成了不治之症。这种解释当然很可笑。但是，注释者也指出，要及早救治。

怎么救治呢？关键在早期。人被疯狗咬伤之后，要马上到河边，把伤处洗净，把坏血挤出来，还要多喝姜汁，这就可以解毒。这种做法，已经和现代处理狂犬咬伤基本一致了。

清朝的官吏对狂犬病的死状已经有了一些了解，这也帮助他们洗雪了一些冤案。我们介绍一个案例。

鸦片战争时期，有一位民族英雄叫邓廷桢，他和林则徐一起，抗击了英国人的侵略。

早年，邓廷桢曾任西安知府，他碰到了这样一个案子：一个叫郑魁的，把砒霜放进馒头里毒死了人，被判处死刑。卖砒霜的、卖馒头的和死者的邻居都提供了证词。

邓廷桢看了死者的验尸报告，上面写着死者嘴唇发青，这不像是中砒霜而死的症状，他就产生了怀疑。于是，他把卖馒头的叫来，问他："你一天卖多少馒头？"

卖馒头的回答说："有两三百个。"

邓廷桢又问："平均一个人会在你这儿买几个馒头？"

"三四个吧。"

"这么说来，你每天要和上百个顾客打交道咯？"

"是的。"

第九讲　动物探案

> 不过，古代人还不能认识到这是狂犬病毒引起的，因为他们还没有病毒的概念。

宋慈洗冤

邓廷桢再问他:"这上百人的相貌、姓名,他们是什么时候来买馒头的,这些你都能记得吗?"

"大人,这个小的记不得。"

邓廷桢把脸一沉,问他:"那你怎么偏偏记得郑魁在某日买了你的馒头了呢?"

卖馒头的吃了一惊,无言对答。

邓廷桢再三追问,卖馒头的才说了实话:"我本来不记得。但是衙役告诉我,县衙审问的一个杀人犯,已经认罪了,只是少一个卖馒头的证人,你何不为这件事来做个证明?大人您想,我哪敢得罪衙役呀,就只好硬着头皮来做证人了。"

邓廷桢又去问卖砒霜的和死者的邻居。卖砒霜的那儿有买卖的记录,说明郑魁确实买了砒霜;但是死者的邻居承认,他也受了衙役的指使。

原来,郑魁和人吵架,那人很快死了。衙役在郑魁家找到砒霜,就想当然地认为郑魁为了泄私愤,毒死了那人。县衙为了破案,将郑魁屈打成招,然后找人做了伪证。

邓廷桢让仵作重新验尸,确定那人是死于狂犬病,不是被毒死的。

邓廷桢产生疑惑的原因,就是验尸报告上面说的死者嘴唇的情况。原来,砒霜中毒会造成严重脱水,死者的嘴唇干燥。狂犬病毒进入人体后,会循神经末梢进入脑部繁殖,引发病毒性脑膜炎,导致呼吸肌麻痹和心脏机能不全。由于呼吸障碍,心脏机能衰退,人体就会极度缺氧,因此,狂犬病死者嘴唇会出现青紫色。所以,砒霜中毒和狂犬病死亡的区别,最为明显的是死者的嘴唇,有干燥和青紫之别。邓廷桢一眼就看出了问题,洗雪了一桩冤案。

第三个例子是三脚甲鱼。后人在注释《洗冤集录》的时候,

> 邓廷桢一眼就看出了问题,洗雪了一桩冤案。

增添了一个案例。

案情是这样的。太仓州有一个人，路上见渔夫提着一只三脚甲鱼，他就买回家叫妻子烹煮。烧熟后，他让妻子同吃，妻子并不想吃，又觉得无聊，就到门外闲坐。过了好一会儿，妻子听不见丈夫的声音，觉得奇怪，进屋一看，丈夫已经倒在地上了。她又惊又怕，大声叫嚷起来。地保、邻居以为妻子是谋杀丈夫又故作欺人之态，将她扭送官府，后来官府弄清了原委，宽宥了她。

这只三脚甲鱼让我们联想到了"三足金蟾"。三腿的蛤蟆被称为"蟾"，俗话说"两条腿的人好找，三条腿的蛤蟆难求"，蛤蟆怎么会是三条腿呢？相传，吕洞宾的弟子刘海功力高深，喜欢周游四海，降妖伏魔，造福人世。一次，他去收服一只长年危害百姓的蛤蟆精，在搏斗中打断了这妖精的一条腿。后来，这只三条腿的蛤蟆精为将功赎罪，拜在刘海门下，因为它天性喜欢金银财宝，能很快聚拢财富，所以被称为"金蟾"。刘海得金蟾之助，救济了无数贫穷百姓。

当然，三脚甲鱼可没有金蟾那么珍贵。但是，甲鱼明明是四只脚，怎么会变成三只并且还致人死命？《不用刑审判书》中所载的一个案子或许能够帮助我们解开谜团。

明成化年间，在江西铅山县有一个樵夫，他喜食鳝鱼。一天，他砍柴回家，恰逢妻子在烧鳝鱼。樵夫大喜，美美地饱餐一顿，不料食后片刻，就觉得腹痛如绞，未及就医就命赴黄泉。樵夫暴亡，邻居奔走相告，将樵夫的妻子告到衙门。官府认定这是谋杀案，对樵夫的妻子严加刑讯，但她却高声呼冤，并不认罪。县令无法结案，只得将她羁押在狱中。

一年以后，新任知县张晷到任。他审阅卷宗之后，认为案件很蹊跷，需要进一步查证。这个案子的关键就是鳝鱼是自身有毒，

第九讲　动物探案

191

宋慈洗冤

还是被樵夫的妻子投毒的。张昺就命人捉来百余条鳝鱼，放入盛水的大缸内，细心地观察。他发现这群鳝鱼中，有七条昂头向上，露出水面约二寸高。张昺感到奇怪，决定做个试验。他令厨子把这七条鳝鱼烧好，叫一个死囚食用，死囚很快腹痛丧命。这个试验有点残忍，不过，却因此可以断定樵夫是吃了有毒的鳝鱼而中毒身亡的，与樵夫的妻子无关。

这七条鳝鱼为什么会有毒呢？联系铅山县当时的县情，我们就明了了。

原来，明代的铅山县造纸业颇为发达，出产一种"连史纸"。这种纸纸白如玉，厚薄均匀，永不变色，防虫耐热，着墨鲜明，吸水易干。用连史纸印书，字迹清晰明目，久看眼不易倦；用这种纸书写作画，着墨即晕，入纸三分，可与宣纸相提并论。元代以后，我国许多鸿篇巨著、名贵典籍多采用连史纸印制。明清两代的书画名家、文人骚客以能得到皇上御赐的铅山正品连史纸为荣耀之事，官府、文人墨客也将连史纸作为礼品相赠。由于社会需求量极大，这就促进了铅山造纸业的发展。

连史纸是用嫩竹浆为原料，经漂白打浆后再手工抄制而成，纸的漂白和打浆都是在水中进行的，这些用过的水被随意排放，久而久之，便污染了环境。鳝鱼长期生活在这种被严重污染的水域，有毒物质便在体内慢慢积蓄，于是鳝鱼便有了"毒"。人若食用了这种鳝鱼也会中毒，食用过量，则可危及生命。

前述案例中的甲鱼本身无毒，味道鲜美，具有丰富的营养价值，少了一只脚也不过是有点畸形而已，但为何有人会食之丧命？和鳝鱼一样，这只三足甲鱼可能也吃过有毒的物质，在体内积聚了一定的毒素，人吃了引起中毒。由此可见，早在古代，人们就已注意到环境污染对人体健康的危害了。

> 由此可见，早在古代，人们就已注意到环境污染对人体健康的危害了。

这一讲，我们说的是《洗冤集录》里记载的一些动物致伤、致死人的情况及法医检验的方法，宋慈甚至开创了法医昆虫学这门新的法医学分支学科，我们不禁感叹《洗冤集录》内容的广博和深湛。那么，它的作者宋慈后来怎么样了呢？

请看下一讲《断鳌立极》。

第十讲 断鳌立极

宋慈是怎么死的？

为什么说宋慈首先是一位医生？

宋慈对中国法医学史有何影响？

后人是怎么丰富和发展《洗冤集录》的？

宋慈是怎样影响世界的？

前几讲中，我们介绍了《洗冤集录》的主要内容、所取得的主要成就，以及后世对它的发展。

那么，它的作者宋慈后来怎么样了呢？

宋慈是怎么死的？

> 《洗冤集录》刊印后，宋理宗下令将其向全国推广，这给宋慈带来了很大的声誉，并使他迎来了事业的辉煌期。

《洗冤集录》刊印后，宋理宗下令将其向全国推广，这给宋慈带来了很大的声誉，并使他迎来了事业的辉煌期。《洗冤集录》刊印后的第三年，也就是淳祐九年（1249年），宋慈升任广州知府，并任广东经略安抚使。

经略安抚使是一个什么职务呢？

所谓"安抚使"，就是由中央派出的处理地方事务的官员。这个官职在隋代开始设立，为行军主帅的兼职。宋初沿用这一官制，不过逐步转化成一种常设的官职。北宋在边境一些地区常置安抚使司，掌管一路军事和民政，组织对外的防御和战争，一般以知府兼任。由于这个职位事关国家安全，所以称为"经略安抚使"，经略是经营治理的意思。大科学家沈括，曾经参与北宋对西夏的战争，他当时担任的就是鄜延路的经略安抚使。

南宋初年，各路均设安抚使司，唯广东、广西两路仍于"安抚"前加"经略"二字。安抚使掌管一路兵民之政，有"便宜行事"之权，实际上成为一路的第一长官。宋慈担任的就是这样一个官职。

这一年宋慈已经六十四岁，年老多病，但是一切公务犹自亲力亲为，一丝不苟。不久，繁杂的事务又让他患上了头晕病，他还强自支撑，不肯休息。

春天的时候，官府办的学校开学，要举行开学典礼，下属就请这位最高长官主持典礼仪式。宋慈很重视儒学教育，勉力出席。

所谓的开学典礼，主要就是"释菜礼"。"释菜"也写作"舍菜"，是祭孔的一种礼仪。古代官学一般在孔庙边上，每逢开学的时候，就会到孔子像前，摆上几盘果蔬来礼敬先圣。释菜是有一套完整礼仪的，很烦琐。宋慈本来身患重病，再经一套释菜礼的折腾，回到寓所就倒在床上，再也没有起来。

是年三月七日，宋慈病逝。

宋慈的死，直接原因当然是身染重病，而又勤于政事，可以说是因公殉职。不过间接原因，则可能是长期清苦生活所致。

刘克庄对宋慈说了这样一句话，他说宋慈：

禄万石，位方伯，家无钗泽，厩无驵骏，鱼羹饭，敝温饱，萧然终身。

所谓"鱼羹"，当然不会是鱼翅汤。刘克庄的意思是说，宋慈律己甚严，近乎苛酷。他有那么高的地位，那么丰厚的俸禄，却家无余财，甚至连一匹像样的马也没有。而且宋慈吃的是粗茶淡饭，仅够温饱，

第十讲 断鳌立极

> 宋慈的死，直接原因当然是身染重病，而又勤于政事，可以说是因公殉职。不过间接原因，则可能是长期清苦生活所致。

宋慈洗冤

穿得也很寒酸。

那么，宋慈的收入究竟怎样呢？真的是"禄万石"吗？

真实情况并非如此。宋朝廷给官员们，特别是地方官吏的俸禄是非常微薄的。有学者测算过，宋朝初年，一户二十口人家每月副食品的支出就要十千文，这相当于主簿一年的俸禄。后来，虽然俸禄增加，但是物价上涨更快，生活水平反而下降。沈括在《梦溪笔谈》里记载了这样一件事，有个秀才向一个县尉借米，县尉无米可借，就写了一首打油诗给他。诗文是这样的：

> 五贯九百五十俸，省钱请作足钱用。
> 妻儿尚未厌糟糠，僮仆岂免遭饥冻？
> 赎典赎解不曾休，吃酒吃肉何曾梦？
> 为报江南痴秀才，更来谒索觅甚瓮！

> 这首打油诗，可谓是对当时基层官员贫困生活的生动写照。照这样的情况看，宋慈出仕做官，担任江西信丰县主簿的时候，他的收入尚不能糊口。

这首打油诗，可谓是对当时基层官员贫困生活的生动写照。照这样的情况看，宋慈出仕做官，担任江西信丰县主簿的时候，他的收入尚不能糊口。

后来，宋慈曾任邵武通判一职。通判的俸禄又如何呢？著名诗人陆游在孝宗乾道八年（1172年）通判夔州，离职前，他致信丞相虞允文，请求获得一个新的差使。在信里，陆游历诉自己的贫困生活。他说，自己到夔州赴任，路费都是朋友给的。到夔州任上，全靠俸禄持家，没有任何积蓄，以致儿子三十岁尚不能娶妻，女儿二十岁还不能出嫁，离职后连回家的钱都没有。他感叹说，"某而不为穷，则是天下无穷人"，乞求虞允文给他再弄个官做做，以勉强维持生计。我们很难想象，这封信是出自"很有气节"的陆游之手。照这样的情况看，宋慈做通判以后，他的收入可能也是勉强糊口。

宋慈做的这个广州知府收入怎么样呢？我们也可以有一个比较的例子，《宋史》里面有这样一个神异的故事：

袁某是一个小官吏，可是年近五十还没有孩子，妻子就让他到临安去买一房小妾。那小妾来到袁某的寓所，虽然衣着鲜艳，却是用麻线束发，像是戴孝的模样。袁某问她缘由，女子抽噎着说："妾是赵知府的女儿，家在四川。父亲死后，家里贫困，母亲只得把我卖为人妾，得点钱财好把父亲的灵柩运回老家安葬。"袁某很是不安，就把这个女子送回家。可她的母亲却为难地说："您给的钱我已经用掉了，怎么还您呢？"袁某慨然说不用还了，得知她们家中还很困难，"尽以囊中赀与之"，干脆把带来买妾的钱全部给了这对母女。从临安回来，妻子问他："官人您买的妾在哪儿呢？"袁某把事情经过原原本本告诉妻子，对她说："老婆，有没有孩子是命中注定的。我们做夫妻这么长时间，要是该有早就有了，难道一定要找个小老婆才能生吗？"结果第二年，他们就生了个大胖小子，取名袁韶。

袁某行善积德，终于有后。这个袁韶比宋慈大二十五岁，后来做了大官，《宋史》有传。而故事中那位赵知府，居官之日，尚有俸禄可支；死去以后，居然要卖女才能归葬——南宋一位知府的收入到底有多少，就可以想见了。

为了提高官员的收入，宋朝廷也想了很多办法。政府给官员各种名目的津贴，当时称为"添给"。这些添给名目有：添支钱、职钱、职田、公使钱、驿券、元随傔人衣粮、傔人餐钱、茶酒厨料、茶汤钱、食料钱、折食钱、厨食钱、薪蒿盐炭纸钱等等，涉及官员衣食住行的方方面面，相当周到，但是也不能从根本上解决官员们"低薪"的问题。许多官吏为了生计，开始利用手中的权力，

宋慈洗冤

攫取大量的"灰色收入"和"黑色收入",政治和司法的腐败随之而来。宋代农民起义次数之多,在中国历史上是罕见的,究其原因,大都与反对这样的贪官污吏有关。

所以宋慈虽然"位方伯",但绝不是刘克庄讲的那样"禄万石",相反,他的俸禄少得可怜,生活也是颇为拮据。但是,宋慈并不像一些官吏那样以权谋钱,而是甘守清贫。不仅如此,他还尽自己的力量,为扭转南宋腐败的司法生态做出自己的努力,写下了《洗冤集录》一书。这也是后世把他列为"循吏"的一个重要原因。

长期清苦的生活影响了宋慈的健康,加上过度操劳,使得他过早离世。

虽然生活清贫,但这并不影响宋慈对美好生活的追求。宋慈有一个嗜好,喜欢收藏"异书名帖",就是内容奇特的书和好的书法作品,这可能是当时文人们共有的爱好。就宋慈的收入来看,能收藏多少异书名帖倒是很成问题。不过,"异书"对于《洗冤集录》的写作却是很有帮助。《洗冤集录》集录了许多古籍,内容也涉及许多学科知识,这些都是在当时流行的儒家典籍里找不到的。

为什么说宋慈首先是一位医生?

我们有个疑问,宋慈开创了法医学这门科学,他应当有相当的医学知识,这些知识都是来自于那些"异书"吗?

从内容上来看,《洗冤集录》涉及解剖、生理、病理、药理、诊断、治疗、急救、内科、外科、妇科、儿科、骨科及检验等各方面的医学知识,相当广博,所以宋慈应该读过大量的"异书",特别是医书。

不过,对于宋慈来说,光读些医书是远远不够的。宋慈的法

> 宋慈并不像一些官吏那样以权谋钱,而是甘守清贫。不仅如此,他还尽自己的力量,为扭转南宋腐败的司法生态做出自己的努力,写下了《洗冤集录》一书。这也是后世把他列为"循吏"的一个重要原因。

医学是建立在传统中医学基础之上的，传统中医学的特点是经验性的，它要求不仅要有医学知识，还要有大量的实践，这样才能融通医理和药理，达到治病救人的目的。所以宋慈要开创法医学，自己首先必须是一位有相当经验的医生。

我们以《洗冤集录》上关于孕妇的记载来说说这个问题。

胎儿在母亲肚子里是什么样子的呢？《洗冤集录》引述了这样一段文字：

> 按五藏神论：怀胎一月如白露，二月如桃花，三月男女分，四月形像具，五月筋骨成，六月毛发生，七月动右手，是男于母左，八月动左手，是女于母右，九月三转身，十月满足。

宋慈引用的是"五藏神论"，这种理论认为：胎儿一个月时如露水般大小，两个月时如桃花般大小，三个月可分出男女，四个月初具人形，五个月有骨架，六个月长毛发，七个月胎儿右手会动，如果是男婴在母亲左侧腹部可以感觉出来，八个月胎儿左手会动，如果是女婴在母亲右侧腹部可以感觉出来，九个月胎动频繁，十个月临盆待产。这一段文字很生动地描述了胎儿在母体中的生长发育情况。

据学者研究，宋代医学关于妊娠的理论大约有五种，各家论述不一，"五藏神论"只是其中一种，并且是从古代印度传入的。宋慈为什么集录了这样一种理论呢？

因为按照宋律，如果和孕妇争斗，致其流产，是根据胎儿发育情况来定罪的。宋律规定了两种情况：如果胎儿没有成人形，只打一百大板；如果胎儿已成人形，就会判三年徒刑。在当时的

> 宋慈的法医学是建立在传统中医学基础之上的，传统中医学的特点是经验性的，它要求不仅要有医学知识，还要有大量的实践，这样才能融通医理和药理，达到治病救人的目的。

宋慈洗冤

医学理论中，只有"五藏神论"对胎儿的形体发育描写得最接近司法实践，所以宋慈才把它集录进书中。他还说：

> 若验得未成形像，只验所堕胎作血肉一片或一块。若经日烂坏，多化为水。若所堕胎已成形像者，谓头脑、口、眼、耳、鼻、手、脚、指甲等齐全者，亦有脐带之类，令收生婆定验月数。

意思是说，流产下来的胎儿如果没有成形，只能看到血肉一片或一块，隔几天就会化为血水；而成形的胎儿，五官、四肢甚至指（趾）甲都能看清，还有脐带。稳婆根据这些情况，再结合"五藏神论"的叙述，就可以确定胎儿有几个月了。

有时候，孕妇与人争斗，致胎动不安，也就是先兆流产，这该怎么办呢？宋慈在《洗冤集录》里给出了两个验方：

> 川芎一两半当归半两右为细末，每服两钱。酒一大盏煎至六分，炒生姜少许在内尤佳。
> 又用苎麻根一大把净洗，入生姜三五片，水一大盏煎至八分，调粥饭与服。

其实先兆流产的原因是多种的，孕妇体质也有差异，所以传统中医根据辨证施治的原则，可能会开出上百种药方。但是官府不可能专门请一位医生来给孕妇诊治，又或者情况紧急，所以就需要一种"通用型"的药方。宋慈是根据"争斗"这个诱因，从各种药方中甄选出见效快、疗效好的两种，以供官员们审案时备用。

在司法实践中，还有这样一种情况。孕妇被害，或者难产而死，

宋慈是根据"争斗"这个诱因，从各种药方中甄选出见效快、疗效好的两种，以供官员们审案时备用。

尸体被埋放在地窖，等到检验的时候却发现尸体旁有具死婴。古人迷信，难免惊诧不已，甚至影响到仵作的尸检。这是怎么回事呢？宋慈说：

> 盖尸埋顿地窖，因地水火风吹，死人尸首胀满，骨节缝开，故逐出腹内胎孕孩子。亦有脐带之类，皆在尸脚下，产门有血水、恶物流出。

他给出了一个医学解释。他说，这是因为在地窖这种环境下，随着尸体腐败进展，遗体严重膨胀，骨盆分离，腹内死胎就被压了出来。他还指出证据，就是死婴还连着脐带，都在尸体的脚边；而尸体的产门也有污血和其他脏东西流出，和正常生孩子差不多。

这种现象现代法医学称为"死后分娩"，并不奇怪，宋慈的医学解释也大致合理。据研究，这可能是法医学史上关于棺内分娩最早的记载和医学推断。取得这样的成就，做出这样的创新，是宋慈长期浸淫传统医学的结果。

宋慈是从哪儿学的医呢？

宋代之前，中医的传承以师徒相传或世家传承的方式为主，有着封闭性的特点。这种传承方式在宋代被打破，政府将医学教育纳入官学系统，在各地遍设医学校，教习中医，还通过考试选拔医官。这种做法，为社会培养出许多高水平的医生。不过，从宋慈的履历来看，他既没有家学，也没有拜过老中医为师，更没有进过医学校受过正规教育，也就是说，他的中医完全是自学的。

宋朝政府除了创立医学教育体系，还设立了一个校正医药局，对历代医学典籍进行系统的整理、校勘和印刷，还编纂了大批医书，使得普遍掌握医学知识成为一种可能。而当时的儒生也认为，

第十讲 断鳌立极

> 取得这样的成就，做出这样的创新，是宋慈长期浸淫传统医学的结果。

宋慈洗冤

医者符合儒家"仁爱"的价值取向。在政府和民间的共同推动下，社会上就形成了一种"尚医"的思潮。许多儒生以不知医为羞，不少士大夫还亲自整理收集验方、家藏方，刊行于世，申明他们"仁民爱物"的态度。

我们举几个例子。

北宋的大文学家苏轼就是通医的，他还能够自己治病。苏轼晚年，常感心烦口渴，他就自种地黄一片，经常食用，结果不再烦躁，内热也渐退。苏轼后来写过《苏学士方》，介绍了自己常年搜集的一些医方。到了北宋末年（一说为南宋），有人把这本书和沈括写的《沈存中良方》合编在一起，称为《苏沈良方》。这是一部非常有名的医学著作。

南宋的陆游自幼喜欢搜集医方。他的祖上陆贽曾经写过一本《陆氏集验方》，陆游就写了一部续集，把自己所获医方汇集起来，编了一部《陆氏续集验方》。晚年的陆游隐居山阴（今浙江绍兴），曾行医乡里，不过生活困顿的他是否会收取一点诊费，我们就不得而知了。

就连宋慈的祖师爷朱熹也是广涉医书，我们现在在他的著作里，也可以看到其中记录了大量的医学知识。

宋慈在这样的环境里自学中医，倒也并不特别。只是他刻苦钻研，终有所成，而且开创了一个新的学科——法医学，成为当时"尚医"的士大夫中的佼佼者。

那么，宋慈对后世又产生了怎样的影响呢？

宋慈对中国法医学史有何影响？

宋慈刊印《洗冤集录》前后，南宋曾有一段短暂的辉煌时期。

> 宋慈在这样的环境里自学中医，倒也并不特别。只是他刻苦钻研，终有所成，而且开创了一个新的学科——法医学，成为当时"尚医"的士大夫中的佼佼者。

端平元年（1234年），宋蒙联军灭金。宋将孟珙还将金哀宗的遗骸带回临安，理宗命将其献于太庙，以告慰徽、钦二帝在天之灵。宋朝廷终于报了金灭北宋之仇。

然而随着金国的灭亡，南宋也失去了北方屏障，面临比金更强大的蒙古的威胁。端平二年（1235年），蒙军开始南侵。宋军奋勇作战，一再击退蒙军，并在开庆元年（1259年）的合州之战中用飞箭击伤蒙古大汗蒙哥。蒙哥因伤死于军中，纵横欧亚大陆的蒙古铁骑遭遇重大挫折。

在这样一个"盛世"的气象之下，《洗冤集录》这本办案大全被推广到全国。

但是好景不长。忽必烈在建立元帝国后，大举攻宋。咸淳九年（1273年），襄阳城破，南宋再无抗击元军的力量。三年后，元军攻占临安。又过了三年，陆秀夫在崖山背负幼主赵昺跳海，南宋灭亡。

从《洗冤集录》刊印到南宋灭亡，前后只有三十多年，其间又战乱频仍，所以这本书虽然推广到全国，但是其应用还是有限的。

然而，让人感到意外的是，这本在南宋难以广泛应用的书，却影响到了灭亡南宋的元帝国。

元至元五年（1268年），朝廷颁布了一个"检尸体式"的法令。这个法令主要是督促官吏尽速检复，以免尸体腐烂难以检验。而它的内容，竟然就是《洗冤集录》中"四时变动"一节的全文！此时宋慈已去世十九年，不知九泉之下的他，在得知此事后做何感想？

在元代，社会上流行的，除了《洗冤集录》，还有一本根据《洗冤集录》内容编写的考试参考书，叫作《无冤录》。

元代地域广大，各地情况各异，为了便于管理，就要求在司法的各个环节有统一的规范，包括司法文书的制作。约在至元

> 从《洗冤集录》刊印到南宋灭亡，前后只有三十多年，其间又战乱频仍，所以这本书虽然推广到全国，但是其应用还是有限的。

宋慈洗冤

十九年（1282年），元朝廷颁布了一个"结案式"的法令，规定下级上报民刑案件结论的格式，以达到文案的统一。政府还以这个法令的内容为依据，招考负责文案的"儒吏"。因此，结案式也称作"儒吏考试程式"。所谓"儒吏"，是元代对汉人特殊的人才选拔制度。元灭南宋后，废除了科举制，要出仕做官的人，必须先通过考试被录用为儒吏，也就是基层公务员，然后才能逐步提拔，成为各级官员。

不过考生在考试的时候遇到了一些困难。特别是法医检验方面，当时最好的参考书当然是《洗冤集录》，不过宋慈可不是根据什么"儒吏考试程式"来写书的，他有自己的一套体系。这样，考生们在复习考试的时候感到很不方便。

为了解决这个问题，元代的一位大法医学家王与，就根据朝廷的法令，重新编排了《洗冤集录》的内容，写了一本参考书，取名《无冤录》。

王与写书的时候，不是简单地重复，而是融入了当时法医学的发展和自己的一些经验，深化了《洗冤集录》的内容。我们举一个简单的例子。宋慈说到，孕妇死后，尸体被埋放在地窖，检验的时候可能会发现从孕妇体内排出的死婴。王与说，这种情况只是特例，孕妇死亡后，不论尸体存放在哪儿，都有可能分娩出婴儿，不见得一定是在地窖。他还举了两个他亲自处理的案子作为例子。一次是一个怀孕妇女死亡，经过检验后放入棺材。后来案情反复，又开棺复检，结果发现一具死婴。另一次，一个孕妇落水死亡，亲属领去遗体，不久就发现她分娩出死婴。

王与的书，不仅适合做考试参考书，而且比《洗冤集录》更适合元代社会的实际情况，因此广受欢迎。明朝的时候，这本书还传到了朝鲜。

> 特别是法医检验方面，当时最好的参考书当然是《洗冤集录》，不过宋慈可不是根据什么"儒吏考试程式"来写书的，他有自己的一套体系。这样，考生们在复习考试的时候感到很不方便。

像元代一样，清政府也把《洗冤集录》的一些内容升格为法律条文。不仅如此，律例馆还把这本书重新编辑校正，又汇集宋慈以后典籍数十种，定名为《律例馆校正洗冤录》，于康熙三十三年（1694年）以国家的名义向全国颁行。清代的法医学界基本上都是在注释和推衍《洗冤集录》。据统计，当时注释和推衍《洗冤集录》的书籍，有几十种之多。

我们还可以从几个反例来说明这本书的影响。

在《洗冤集录》中有这样一句话：

> 若将榉木皮罨成痕假作他物痕，其痕内烂损、黑色，四围青色，聚成一片而无虚肿，捺不坚硬。

这是对伤痕的检验。宋慈说，有一种假伤痕是用榉树皮敷成的。这种"伤痕"看上去一团黑色，聚成一块，却没有肿胀，用手按压也不会坚硬。

这个经验来自一个叫李南公的人。《折狱龟鉴》上有这样一个案例。

李南公在担任长沙县令的时候，碰到了一起案子。

一天，有甲乙两个汉子来告状。李南公见甲高大魁伟，乙却瘦弱憔悴，就问他们："你们为何告状？"

甲说："乙打我，把我身上打得通体是伤，请老爷您明断。"

乙辩解说："他胡说，明明是他打我。老爷您不信，可以看看我身上的伤。"

两人争执不下，都说自己挨了揍。李南公就叫二人把衣服脱下，看看伤情。二人脱下衣服，身上都是伤痕累累，有拳脚伤，还有棍棒伤，看来这一架打得还真不轻。

第十讲　斩鳌立极

> 清代的法医学界基本上都是在注释和推衍《洗冤集录》。据统计，当时注释和推衍《洗冤集录》的书籍，有几十种之多。

宋慈洗冤

李南公心中有点奇怪。这两人打架,从体力上讲,甲强乙弱,吃亏的肯定是乙,可为什么甲身上居然也会受此重伤呢?

李南公走上前去,仔细观察伤处,还用手捏了捏,然后说:"乙是真伤,甲是假伤。"

经过讯问,果然如此。

原来甲事先在家采集了一些榉树叶在身上揉搓,不一会儿,皮肤上就出现了多处青赤色的"伤痕"。他还把榉树皮平放在皮肤上,用火热熨,弄出了许多"棍棒伤"。等这些弄好后,他就找到乙,把乙痛扁一顿。乙揪他见官,甲亦不惧,以为自己身上的假伤足以乱真,不想被李南公瞧出了破绽。

李南公是怎么发现的呢?他说:"殴打的伤痕会因为血液凝聚而变得坚硬,而伪造的伤痕却是柔软平坦,一摸便知。"

> 宋慈把这个经验集录进书中,官员们在检验伤情的时候有了判别标准,要造假就不可能了。

宋慈把这个经验集录进书中,官员们在检验伤情的时候有了判别标准,要造假就不可能了。不过,凶犯又翻新出花样。据《皇明诸司公案》上说,明朝的时候,有人还会在身上涂抹巴豆。巴豆是有毒的,可以刺激皮肤,造成肿胀,检验的时候如果不加辨别,很容易误以为受伤。可见,《洗冤集录》也逼得凶犯绞尽脑汁,以逃脱法律的惩处。

《皇明诸司公案》上还有这样一个案子。

明朝的时候,广西河池县有个地主叫俞厥成,家财殷富,可是却吝啬异常。老婆鲍氏因娘家比较困难,她就暗中接济。不想家中的长工连宗借机要挟鲍氏,和她通奸,鲍氏也没有见识,不敢对丈夫去说。

冬天的时候,俞厥成带着连宗到佃农家里去收租,晚上住在连宗的姑表兄弟支秩家。这个支秩是俞厥成的一个佃户。晚上,大家边喝酒边聊天,谈天说地。俞厥成卖弄学识,谈论人身上生痣的相法，他说："女人阴部有痣的，非富即贵。"连宗知道鲍氏的阴部附近就有一颗大痣，一时失言，就说："你娘子阴部就有痣，果然是富家婆呀。"这种隐私连宗怎么可能知道？俞厥成立刻就明白有奸情。

回到家中，他逼问鲍氏，鲍氏无奈，说出了实情。按照明代的律法，这叫"刁奸"，就是诱奸的意思，犯者杖一百。可是俞厥成觉得，打连宗一百板子出不了胸中的恶气；而且告到官府，免不了家丑外扬，他想私下解决这件事。

他是怎么做的呢？他找连宗喝酒，把他灌醉，然后绑起来。俞厥成在连宗的要害处狠狠刺了一刀，然后用开水浇淋，把创口烫白。等连宗死了，把绳子解开，扔到他自己睡的床上。第二天，他叫人通知连宗的家人，说连宗中风死了。

连宗家人邀支秩一块儿去收尸。支秩很奇怪："他前几天还在我家喝酒，身体也很好呀，怎么突然就死了？"家人说是中风。支秩说："前些天喝酒的时候，连宗说主母鲍氏的阴部有一颗痣，当时俞厥成的脸色就变了。现在连宗又突然死了，这里面可能有点问题，我们收殓尸体的时候要注意。"在收尸的时候，他们仔细查看，果然发现要害处有刀创一处。

连宗家人就去衙门告状，说是俞厥成怀疑妻子与连宗有染，把连宗杀了，并有支秩为人证。而俞厥成则辩称：支秩欠自己三年田租，赖着不交，以致成仇，现在却趁连宗死了，唆使他的家人告状。连宗的家人认为是一起人命案，而俞厥成则把它曲解成一起经济纠纷。

就刑事案来说，支秩的证词并不是强有力的证据，只能作为旁证。审案的关键，还是在对伤口的检验上。仵作验完尸后，呈上了验尸报告。县令翻开《洗冤集录》，上面有这样一段话：

第十讲　断鳌立极

> 审案的关键，还是在对伤口的检验上。

宋慈洗冤

如生前刀伤即有血汁，及所伤痕疮口皮肉多花鲜色，所损透膜即死。若死后用刀刃割伤处，肉色即干白，更无血花也。

这段话的意思是说，生前刀伤，伤口会有出血，创口周围沾满鲜红色的凝血块，如果刺创贯通腹膜伤及内脏，就会致人死亡。如果是死后切割的创口，创缘肉色干白，更谈不上凝血块了。因为人死后血液循环停止，所以肉色是干白的。

县令对照验尸报告上的检验结果，刀创确实很深，足以致命，但是创口肉色干白，按照《洗冤集录》所说，这应该是死后所为。他相信了俞厥成的话，认为确系诬告，下令将支秩和连宗的家人各打二十大板，支秩还要把三年的田租交付给俞厥成。俞厥成则无罪释放。

这个狡猾的俞厥成，因为熟知《洗冤集录》，所以做了手脚，逃避了法律的惩处。

《皇明诸司公案》是明万历年间的一本公案小说，所以这个故事未必是真实案件。不过作者在故事后面加了一个按语，他说："盖以方凿之时，即以滚水灌其伤处，故无血荫，此《洗冤录》中所未载，附之以补所未备。后之检伤者，其详之。"意思是说，这种用开水来消除刀刃伤口"血荫"的情况，是《洗冤集录》中没有提到的，所以他特意记录下来，告诉以后的检验者。这说明，此类案件当时确有发生。

> 《洗冤集录》成为官府打击犯罪的有力工具，对于凶犯也产生了强大的心理威慑，甚至在他们犯罪的时候，也要找一些书中没有记载的、"稀奇古怪"的方法，妄图逃避法律的制裁。

《洗冤集录》成为官府打击犯罪的有力工具，对于凶犯也产生了强大的心理威慑，甚至在他们犯罪的时候，也要找一些书中没有记载的、"稀奇古怪"的方法，妄图逃避法律的制裁。

那么，在《洗冤集录》之后，古代法医学又是怎么发展的呢？

后人是怎么丰富和发展《洗冤集录》的？

《洗冤集录》标志着中国古代法医科学体系的形成，这是古代司法检验技术沿着自身轨迹发展所能达到的顶峰。虽然历代研究、增补、考证和仿效《洗冤集录》的著作不可悉数，但无论哪一本著作，其核心内容都难越《洗冤集录》之藩篱。因此，这本书成为后世所传诸书的蓝本，《洗冤集录》成为法医学的代名词，甚至连"洗冤"二字，也成为法医检验的一个符号。

然而，社会是发展的，法医学所要面对的证据材料会有新的变化，法医手段本身也是不断进步，这些新的内容，被后人以注释、增补等方式补充进《洗冤集录》。特别是清中后期，随着西风东渐，形成了一个中国古代法医学史上的发展高潮。在这个时期，法医学有了一些进步，增添了一些新的内容。

我们举几个例子。

在宋代的时候，火器已经在宋军中广泛使用，但是在民间还很罕见，因此在《洗冤集录》中，尚无关于火器伤的鉴定。明代我国开始制造鸟铳等火器，清代又有西洋枪械传入，随之，民间开始有用枪杀人、伤人的案件。

在北京曾经发生过一起持枪杀人案。某甲是一个教书先生，欠了源和木厂一笔银子。厂主屡次催还，但是某甲实在没钱，只得赖账。厂主对这个"老赖"没办法，就委托某乙、某丙三天两头去讨债。一次，某乙、某丙又去找某甲，某甲还是赖着不还。某乙、某丙急了，说了些过头的话。某甲恼羞成怒，拔出枪，对着某乙，扣动了扳机。某乙胸部中弹，当场死亡。某丙想要逃走，也被击伤。

还有一起走火伤人案。江苏巡抚衙门的一个书吏家里死了人，

第十讲 断鳌立极

> 《洗冤集录》标志着中国古代法医科学体系的形成，这是古代司法检验技术沿着自身轨迹发展所能达到的顶峰。虽然历代研究、增补、考证和仿效《洗冤集录》的著作不可悉数，但无论哪一本著作，其核心内容都难越《洗冤集录》之藩篱。

宋慈洗冤

请来几个道士做法事。这书吏的儿子闲来无事,在家中乱翻,居然找到一把枪。这把枪是一个武弁的,他是书吏的朋友,把枪寄放在书吏家。儿子翻到枪后,非常高兴,拿着枪东瞄瞄、西指指,还试图扣动扳机,但是枪已经生锈了,扳机怎么也扣不动。一个道士看见了,赶来凑热闹,他拿起枪,对着门口一扣扳机,轰的一声,子弹飞出。原来枪里还真有子弹,武弁在寄放枪的时候忘了退火。这时候,有两个人抬着一坛油经过书吏家门口,子弹从门内飞出,击中后面那个人的肩膀,那人倒在地上,油坛也摔得粉碎。事发后,道士被县衙抓去关押,书吏也不得不拿出钱给伤者治疗,还赔了一坛油钱。

随着这样的案件越来越多,法医检验就增添了新的内容。有学者指出,中国是最先对枪伤进行观察和研究的,而且还取得了很大的成就。例如子弹射入口和射出口大小,也就是子弹进入人体和飞离人体所造成的创口面到底孰大孰小的问题。早期的子弹是散弹,所以击中人体后,留下很大的创面;而由于火药推力不够,打穿人体的散弹很少,多数留在人体内,所以子弹的射出口较小,甚至没有。随着火器的改良,火药推力增大,子弹不仅能射穿人体,而且所造成的创面可能比射入口还要大。我国的法医工作者对此进行了长期的观察,并且把这个发现记录了下来。在欧洲,最早注意这个问题的是俄国的科学家皮罗果夫,比中国晚了大约半个世纪。

再就是鸦片中毒。

早在张骞出使西域的时候,鸦片就传入我国。不过长期以来,它作为药物使用,而且价格昂贵,在民间一直少有人知。清中叶以后,帝国主义国家大力倾销鸦片到中国,以图逆转西方世界对华贸易的逆差。随着鸦片大量涌入,民间吸食鸦片的人越来越多,

> 在欧洲,最早注意这个问题的是俄国的科学家皮罗果夫,比中国晚了大约半个世纪。

鸦片中毒死亡的事件也层出不穷，鸦片也成为清末以来民间最常见的用于自杀、他杀的毒物之一。

晚清有个名妓叫赛金花，是一位传奇人物。

赛金花幼年就被卖身为妓。光绪十三年（1887年），十五岁的她遇到了前科状元洪钧，被洪钧纳为妾。不久，洪钧奉旨为驻俄罗斯帝国、德意志帝国、奥匈帝国、荷兰四国公使，原配夫人畏惧华洋异俗，就把自己诰命夫人的服饰借给赛金花，让她陪同洪钧出洋。由于赛金花年轻貌美，长于辞令，很快闻名于欧洲上流社会，甚至连德国皇帝和皇后都召见了她。在欧洲期间，赛金花还学会了一口流利的德语。

回国以后，洪钧病故，赛金花又再次沦落为妓女。据说，光绪二十六年（1900年）八国联军侵华，联军进入北京后，烧杀抢掠，无恶不作。赛金花去见八国联军总司令德国人瓦德西，劝他整肃军纪，少侵扰百姓，瓦德西第二天便下令禁止士兵违纪妄为。赛金花还通过私人关系，协助清政府和八国联军达成了和议。

赛金花的一生，出入豪门，沦落风尘，三次嫁夫，又三次孀居，晚年在穷困潦倒中病逝。著名学者刘半农曾经为她写了一本《赛金花本事》，在书中他说："中国有两个'宝贝'，慈禧与赛金花，一个在朝，一个在野；一个卖国，一个卖身；一个可恨，一个可怜。"

可是，这位"可怜"的赛金花，也做过一件很"可恨"的事。

八国联军离开北京后，赛金花继续做她的妓女营生，还买了一个叫凤林的小姑娘，让其接客。凤林虽然幼小，却性格倔强，怎么也不顺从。赛金花就用鸡毛掸子抽打她，把她的肩胛和后背都打伤了。凤林一时想不开，乘人不备吞食了不少鸦片。赛金花连忙命人施救，但是凤林并不配合，抓来的药也不吃。赛金花很恼火，不但不婉言相劝，反而又拿起鸡毛掸子一顿乱打。凤林不久死去。

这件事被邻居举报，官府检验尸体，确定凤林是吞食鸦片致死，但是身上有多处条形伤痕，应是生前曾被虐待。不过，晚清的时候，逼女为娼并不是重罪，凤林又确系自杀，所以赛金花判刑不重，加上她交际广阔，有人为她说话，所以后来又改为赎刑，交点银子了事。

这个案子中，凤林吞食的鸦片可能比较多，所以致其死亡。如果吞食鸦片的量少一点，就会因为急性中毒，出现"假死"现象。

有人为《洗冤集录》补充了这样一个案例。道光年间，广东有一个吴某在一家旅店投宿，因为穷困潦倒，在店中吞食鸦片死去。店主人怕担责任，不敢收尸，他知道吴某在三水有亲戚，就派人去通知他们。亲戚得报，连忙赶去店里，不想吴某已经在头一天活过来了。大家一算，吴某一共"死"过去三天四夜。

这个案子中的吴某就是比较典型的假死。这时候，人的体温下降，代谢功能降低，表面上和死差不多，但是如果下葬，人就由假死变成真死了。清代检查吞食鸦片死者的尸骨，发现躺卧的很少，大多数都是侧卧或趴着的。人们在殓葬死者的时候，是把尸体平躺着放进棺材，然后埋起来的，怎么尸体后来会变成侧卧或者趴着的呢？原因很简单，因为殓葬的时候，死者是处于假死状态。入土以后，鸦片毒性退尽，死者苏醒过来，但他在棺材中出不来，又被闷死在里面。死者在死前辗转挣扎，所以尸体会出现种种情状。

怎么防止这样的情况发生呢？清人有这样的经验：仵作在检查的时候，要看看尸体僵硬程度，如果身体比较柔软，就可能是假死。此外，还要把尸体放上七天，这是一个极限值，如果死者一直没有苏醒过来，就可以确定是真死了。

鸦片中毒作为特殊时代背景下出现的新鲜事物很具有代表性，这些内容都被补充进了《洗冤集录》。

那么，《洗冤集录》对周边国家有何影响呢？

宋慈是怎样影响世界的？

明洪武十七年（1384年），王与的《无冤录》被重刊，这本书后来传入朝鲜。

1392年，李成桂灭高丽，改国号为朝鲜，为了修明政治，就从明朝引入《无冤录》。不过，由于文字艰深，在理解和实际勘验过程中产生了困难，于是国王命官员进行了注释和音训，形成了朝鲜版的《新注无冤录》，这本书在朝鲜一直应用了三百多年。1796年，朝鲜国王下令重新修订，大臣们结合清政府的《律例馆校正洗冤录》，编写了一本《增修无冤录》。

需要说明的是，《洗冤集录》一类的书在我国大部分时间只是法医检验的参考书籍，但在朝鲜，则不只是参考书，而且是政府任用官吏的考试用书，这就使得《无冤录》具有一种官方性质，深刻影响了朝鲜的法律文化。

到1908年，朝鲜宣布废止《无冤录》时，《无冤录》已在朝鲜流传了五百余年。

《新注无冤录》后来传入日本，一个叫河合尚久的人对其进行了翻译并出版，不过他把书名改了，称为《无冤录述》。这本书是节译本，对《新注无冤录》进行了删节和摘要，目的是适用于日本的司法情况。该书出版以后，广为流传，成为指导日本法医勘验的重要参考。后来又有一本《变死伤检视必携无冤录述》，内容与《无冤录述》无异，只是在目录的编排上稍有不同，不过条目

宋慈洗冤

更加清晰。这本书很受欢迎，仅在1891到1901年十年间就再版了六次。

此外，清政府的《律例馆校正洗冤录》也传入了日本。与《无冤录》不同的是，这本书是直接被日本引入的，而非通过朝鲜。该书在日本经过编译，定名为《检尸考》，是日本法医学史上一本重要的法医检验书籍。

无论是朝鲜的《新注无冤录》，还是日本的《无冤录述》，其源头都是宋慈的《洗冤集录》，所以该书对亚洲邻国法医学的兴起、发展具有决定性的影响。

鸦片战争前后，《洗冤集录》开始传入欧洲，很快融入西方文化的氛围之中，对欧美法医学的迅速发展起到了积极的推动作用。

由此可见，《洗冤集录》对世界法医学兴起、发展的影响是极其深远的，这是中华民族传统科技文化对世界文明所做出的伟大贡献。

《洗冤集录》刊印后三百五十五年，即1602年，意大利人佛图纳图·菲德里斯写了一本《医生的报告》，这是西方法医学的开山之作。

二十世纪五十年代，苏联契利法珂夫教授写了一本《法医学史及法医检验》，他把宋慈画像刻印于卷首，尊称他为"法医学奠基人"，这是学术界对宋慈所作贡献的至高评价，是我们的骄傲。

宋慈去世以后，于次年七月十五日归葬福建建阳县崇雒里（今崇雒乡）昌茂村，宋理宗亲自为他书写了墓门"慈字惠父宋公之墓"。可能是因为家贫，或者是宋慈的嘱咐，所以宋慈的墓修得很小。十年以后，好友刘克庄又为他写了墓志铭，给我们留下了这

> 由此可见，《洗冤集录》对世界法医学兴起、发展的影响是极其深远的，这是中华民族传统科技文化对世界文明所做出的伟大贡献。

位循吏的生平事迹。

七百多年来，宋慈一直静静地躺在那儿。直到 1955 年，建阳县政府才找到了宋慈的墓地，还发现了已经断了的理宗亲书墓门。这位生前孤独身后寂寞的"法医学鼻祖"，才又重新出现在人们的视野中。

人们对宋慈墓进行了全面的修葺，并立碑为记，碑文曰：

业绩垂千古，洗冤传五洲。

后记 选择

《宋慈洗冤》终于付梓，这是我十多年前的一次选择。

　　我用"选择"这个词源自电影《黑客帝国》系列。那个主人公尼奥，就是面临一次次的选择。面对命运，无论是被迫的，还是自主的，他都必须做出选择。他选择了，他成功了，最终拯救了人类；不过也留下了很多很多的遗憾。

　　我当然没有梦想过能拯救那么多人。事实上，一个人在一生中能拯救自己一次就很不错了。不过，尼奥的际遇却让我"心有戚戚焉"。

　　印象深刻的一次选择是在高考的时候。那一年，我离本科分数线差两分，这意味着我命运的轨迹可能滑向一个无望的深渊。

　　父亲很着急，他四处求人，看看能否有一个本科院校可以捡个漏儿。但是，命运女神并没有垂怜我这个笨笨磕磕的考生，父亲四处碰壁，只得失望而归。不过在回来的火车上他倒是得到一个信息，当时有一个"定向"的政策，就是师范类院校可以对签约毕业后到老少边穷地区工作的考生，降分录取。父亲像抓住了一根救命稻草，赶忙给我填了一个安徽师范大学的定向志愿。母亲特地跑到录取现场，在外面站了一天，才得到我被录取的确切消息。消息传到老家，家里的亲戚们都兴奋异常，说是祖坟"冒了青烟"，出了一个"状元"。只是他们不知道，为了燃起这柱青烟，我父母的无助、焦虑，以及付出的求恳和辛劳。

安师大当时定向的专业，只有"外语"和"思想政治教育"两个。外语可是个好专业，可以出国，可以做翻译，也可以当老师，哪一行收入都不低。相较而言，思想政治教育这个专业可就差了很多，但不知道为什么，父亲却为我选择了它。多年以后，父亲曾经问过我，是否埋怨他为我选错了专业。我对父亲说，选这个专业，我终生不悔。

之所以这样说，是因为这个专业的课程设置。要改变学生的世界观、人生观，教师必须有广博的知识面，所以安师大为这个专业设置了几十门课程，几乎囊括了当时所有的社会科学门类。我今天能够有点"成就"，能够做文化的研究和传播，就是得益于此。我要感谢这个专业，感谢安师大，更要感谢我的父亲。

大学毕业的时候，我从全班的最后一名跑到了第一名。可能是因为这个原因，命运女神总算照拂了我一次，我没有被定向分配，而是被分配到了一所高校的宣传部工作。当然，这次"选择"是被动的，不过我还是非常乐意接受的。

进宣传部的时候，部长找我谈过一次话。他说，小钱你好好干，以后宣传部就是你的。我当然还没有幼稚到以为自己就是未来的宣传部长，我知道这是一个鼓励，也是一个期待。不过，我的人生恐怕不能就按着这个轨迹走吧？谁知道以后会发生什么呢？所以还得为未来的选择做点准备。

我参加了司法考试，想弄一个律师资格。结果三年三次考试，次次差了两三分。

后记 选择

221

我在外面接课，想做一个好老师，也想赚点外快。当时自考、电大很盛行，教师需求量也大。有一个学期，我每天晚上和周日全天都在上课。接的课也很杂，主要是法律方面，法律专业从基础课到专业课二十多门，除了英语和税法，我全部带过。

我甚至还参加了一些招聘。不过应聘了七八家，没有一家要我。

终于，命运女神又遗弃了我。十多年前，我在机关干不下去了，不得不转岗。

客观地说，我在宣传部那一段的工作还是很努力的，应该是对得起部长的那番话。我工作中的一项是编写时政学习材料。当时条件很差，要先把报纸的内容摘录下来，然后去打字，拿回来校对，再排版印刷，最后分发到学校各个部门。整个流程的关键是校对，要求文字和标点符号尽量少出错。我的出错率非常低，几万字的材料几乎没有什么错误，据一位老办公室主任说，可以达到《人民日报》的校对水平。我曾经主持过几年广播站工作。高校的宣传部，一般下属一个广播站，用来营造校园环境。直到现在，合肥市高校的广播站在元旦之夜大都会搞一个歌曲大放送栏目，从傍晚持续到凌晨一点。学生点歌，广播站播放，还可以抽奖，温馨浪漫，学生很喜欢。这是我在二十年前开创的。我还组织了安徽省第一个"播音艺术爱好者协会"，和合肥市电台联动，在学生中也很有影响。

那为什么还会被"遗弃"呢？

一种说不出来的惆怅和郁闷一直萦绕着我。

几年以后，不那么惆怅郁闷了，我开始反思。反思的结果倒让我心服口服：行政工作最重要的是处理人际关系，而我却没有做好。举一个例子。在机关那么多年，每个部门的领导是谁，科室成员是谁，我居然都不太清楚。如果是做别的工作倒还罢了，而我是做宣传工作的,连这些基本信息都没掌握,怎么"宣传"?又向谁"宣传"呢?弄不清工作重点,弄不清工作方向,做事总是做不到点子上,虽然勤勤恳恳,却没有实际效果,这是我被"遗弃"的原因。不过,被遗弃、被淘汰总不会那么舒服。

那一年我已年过三十。而立之年的我,不得不重新选择,我被迫转岗当了一名教师。只是这新的选择真能适合我吗?

现在的高校教师,教书倒是次要的,关键的是要发论文,要报课题,这样才能评教授,才能有名有利。这真是一种悲哀。

转岗以后,我写过几十篇论文,不过只发了十几篇,其他的都压在手里。这些论文杂七杂八,什么内容都有。写这么多论文,是想找一下自己的学术方向,可惜没有成功。十多年来,我没有成功申报过一个课题,因此也没有一毛钱的科研经费。发论文是要版面费的,我那一点可怜的工资根本不够;又没有经费支持,就只好让它们在那里睡大觉。没有论文,没有课题,到了四十岁,我才勉强评上副教授,在同事、同学中也是最晚的一个。那时候我经常想,我真的适合当一名高校教师吗?

不过有一件事我真的打心底喜欢,就是面对讲台下面那一双双眼睛。这一双双眼睛会随着你的手势移动,会随着你的声音闪动,会随着你的情绪时而欢喜时而愤懑,甚至盈盈欲泪,这让你很有成就感。我不是一个志向远大的人,能有这一点点感觉也就心满意足了。

有一次,我想上课点名。学生名单中,一个女孩子叫"×祎×"。这个"祎"字我不认识,于是查了字典,并在课堂上点了她的名。下课的时候,她来到我面前,对我说:"老师,从我幼儿园到现在,您是唯一一个读对我名字的人。"我笑了,老老实实对她说我查了字典。她很奇怪:"您干吗要查字典呢?"我告诉她,这

宋慈洗冤

是对人的尊重。大学毕业以后，这个女孩到了上海，在一家大公司上班，现在已经是管人事的副总。她的辅导员告诉我，这个女孩有个习惯，就是看人员名单的时候，一定是拿着一本字典，碰到不认识的字就会查一下。我才知道，一个教师真的可以改变学生。

还有一次，我组织学生课堂演讲，主题是爱国主义。有个学生的演讲我不太满意，他在指斥宋朝孱弱外交的同时，却没有认识到宋朝在文化和科技方面所取得的巨大成就。这种历史观的偏差在学生中是普遍存在的，我想扭转一下。可怎么说这个问题呢？泛泛而谈肯定没有说服力，应该通过具体的案例来解说。于是，我选择了侧重科技方面的两个个案，一个是北宋的沈括，另一个是南宋的宋慈。这样选择是因为沈括是"中国整部科学史上最卓越的人物"，而宋慈则被尊为"法医学鼻祖"，他们不仅在宋朝，就是在中国乃至世界历史上都是有很大影响的；而我的学生是学工科的，讲科技方面更贴近他们，也更有说服力。

这个选择一度困扰了我，原因是难度太大。拿沈括来说，研究沈括和他的《梦溪笔谈》被学术界称为"梦学"，这是一门异常艰深的学问。因为《笔谈》是一部"百科全书"，不仅有自然科学，也有社会科学，涵盖了三十个以上的学科门类。日本汉学家仅仅为了翻译《笔谈》，就耗费了十五年的时间。《笔谈》中的一些学科，我甚至闻所未闻。而对宋慈的研究也有很大困难。学术界把宋慈和他的《洗冤集录》的研究称为"宋（慈）学"，历史上关于宋慈的资料却极其稀少；而《集录》又涉及法律史和中医学，特别是中医学，我完全是门外汉。

犹豫许久之后，我还是决定干下去。这个决定至今还很让我骄傲，因为我开始研究宋慈的时候，什么香港电视广播有限公司（TVB）的《洗冤录》、什么央视的《大宋提刑官》，连影子都没有！

后记 选择

研究真正开始以后，我就被《笔谈》和《集录》深深吸引，不由自主地做了下去。逐渐地，另一些古代科技著作和文化著作也纳入我的视野，我倒是找到了一个属于自己的研究方向：科技和文化的生态与传播问题。

但是这种为了传播而做的研究，并非传统意义上的学术研究，它是要把深奥的知识草根化、趣味化、故事化。这种做法占用了我大量时间，却写不出"像样"的论文，也申报不了课题。由于没有经费支持，我还得自己掏钱买书。很多时候，我想过放弃。可是，当我在课堂上讲述那些"成果"的时候，看到学生们豁然开朗、兴奋而又认真聆听的样子，我又觉得是值得的。也许，就是学生们专注的眼神支撑我一直做了下来。

三年多前，我做了另一次选择，就是和央视《百家讲坛》栏目联系，说说我的"研究"。算是瞎猫碰到死耗子，给我撞上了。经过近两年的磨合，我讲的《梦溪笔谈》终于在《百家讲坛》播出，定名为《千年一笔谈》；后来商务印书馆还给我出了一本同名专著。在其后的一年，系列讲座在央视各个频道反复播出六次以上，让我有点受宠若惊。更让我诧异的是，《千年一笔谈》的讲座录像还作为教学素材出现在许多中学的网站上。这让我感受到我的研究的社会意义，也促使我接着把《宋慈洗冤》写了出来。

应当说，《宋慈洗冤》比《千年一笔谈》写得好，这不仅仅是因为书中有许多有趣的破案故事。《千年一笔谈》只是闯出了一条路，怎么做科学和文化的传播，我还没有经验，因此有很多的不足。《宋慈洗冤》则不同，我不再拘泥于一本原著，而是放眼五千年的法律文化，全面回溯古代的法医科技。中国是诗的国度，科技能不能和诗歌联姻呢，我也做了一些尝试。

做科技和文化的生态与传播是我十多年前的一个选择。这个

宋慈洗冤

选择不是命运女神的垂青，对我来说，其实很简单，只是因为我想做一个真正的好的高校教师。我渴求的只有一件事：在那些学生的一生中，曾经听过我的一句话，而这句话让他受益终生！当然，这句话的背后必须是海量的积累和研究。像尼奥一样，我选择了，取得了一点成绩，但也有很多遗憾，不过更多的是欣慰。命运不是掌握在女神的手上，关键在自己，只要你能耐得住寂寞，只要你肯付出，只要你真正想做好你想做的一件事。我很喜欢郑燮的《竹石》诗，抄录如下：

> 咬定青山不放松，
> 立根原在破岩中。
> 千磨万击还坚劲，
> 任尔东西南北风。

《千年一笔谈》出版以后，我拿到了一笔稿费。多年来压在手中的论文也都发表了。发表这些论文，既不是为了求名，也不是为了求利，更不是为了"学术"。因为这些论文，在学术方面谈不上什么创见，有一些甚至没有花太多心思去修改，还是东抄一点，西抄一点的"杂拼"。这可不会增加自己的什么"名气"，倒是花了些版面费。发文的期刊，档次不高，对评职称、报课题没有实质的帮助。

我只是想，人生有几个十年？这个十年，困顿、摸索，终于找到了一条属于自己的路，还是很值得纪念的。谨以此来纪念吧，对自己的人生也有个交代。

我要把这些东西给我的学生看，告诉他们：人生的道路，在于选择；选择的关键，在于你自己。只要有恒心，只要有毅力，只要懂得坚持，你定有所成。

多年以后，我还要把它们拿给我的女儿看，告诉她：当年你老爸走了一条曲曲折折的路。人生的路，总是坎坎坷坷的，要学会坚强。

愿女儿的人生路，少一些波折，少一些无奈，多一些自主，多一些快乐。

钱　斌
2013 年 9 月 28 日